推动能源生产和消费革命战略研究系列丛书
（第三辑）
中国工程院重大咨询项目成果文库

能源革命推动
能源富集地区绿色发展

刘中民　田亚峻　郑永红　张　凯等　著

科学出版社
北京

内 容 简 介

本书是“推动能源生产和消费革命战略研究系列丛书（第三辑）”之能源富集地区卷。本书是在中国工程院“推进能源生产和消费革命（2035）——能源革命推动经济社会发展和生态环境保护战略研究”重大咨询项目所设“能源革命推动能源富集地区绿色发展”课题研究成果的基础上编纂完成的。本书分两篇：新疆篇和“金三角”篇。

本书可为政府部门决策者提供参考，可供能源相关领域的行业管理人员、科研人员、大专院校师生阅读。

图书在版编目（CIP）数据

能源革命推动能源富集地区绿色发展 / 刘中民等著. —北京：科学出版社，2021.10

（推动能源生产和消费革命战略研究系列丛书. 第三辑）

中国工程院重大咨询项目成果文库

ISBN 978-7-03-069072-2

Ⅰ. ①能… Ⅱ. ①刘… Ⅲ. ①能源发展—研究—中国 Ⅳ. ①F426.2

中国版本图书馆 CIP 数据核字（2021）第 108924 号

责任编辑：陈会迎 / 责任校对：贾娜娜

责任印制：张 伟 / 封面设计：有道设计

科学出版社 出版

北京东黄城根北街 16 号

邮政编码：100717

http：//www.sciencep.com

北京捷迅佳彩印刷有限公司 印刷

科学出版社发行 各地新华书店经销

*

2021 年 10 月第 一 版 开本：720×1000 B5

2021 年 10 月第一次印刷 印张：10

字数：200 000

定价：108.00 元

（如有印装质量问题，我社负责调换）

推动能源生产和消费革命战略研究系列丛书

（第三辑）

编委会成员名单

推动能源生产和消费革命战略研究系列丛书

（第三辑）

丛书序

能源是人类社会发展的重要支柱，是国民经济发展的重要基础。致力于促进中国工程科学技术事业和经济社会可持续发展的中国工程院，自 1994 年建院以来就将能源问题纳入战略咨询的重要范畴。能源革命战略研究已做成了系列，做成了中国工程院的品牌。

党的十八大首次提出“推动能源生产和消费革命”①。习近平于 2014 年提出“四个革命、一个合作”能源安全新战略以来，推动能源革命已经成为中长期我国能源发展的基本遵循②。中国工程院于 2013 年 5 月启动了“推动能源生产和消费革命战略研究”重大咨询项目，创新性地提出了能源革命三阶段论述；又于 2015 年 10 月启动了以农村能源、西部能源和“一带一路”能源合作为重点的能源革命二期重大咨询项目，提出农村地区和西部地区推进能源革命“三步走”战略。

区域经济社会发展和生态环境保护离不开能源的支撑保障。党中央提出的“四个革命、一个合作”能源安全新战略，以及以京津冀协同发展等为代表的国家区域发展战略的深入贯彻实施，为新时期能源发展提供了基本遵循和方向指引。鉴于此，中国工程院于 2018 年 3 月启动了“推进能源生产和消费革命（2035）——能源革命推动经济社会发展和生态环境保护战略研究”重大咨询项目。项目以主动视角审视当前国家能源发展情况，立足“变被动为主动”的研究观点，深入研究能源革命对经济社会发展和生态环境保护的推动作用，全面分析能源与经济社会、生态环境的相互关系，旨在新形势下结合区域发展战略的顶层指引和能源资源禀赋的实际，因地制宜推进区域能源革命，推动区域经济社会发展和生态环境保护。

历时两年的研究，项目取得了一系列研究成果。围绕能源革命推动京津冀协

---

① 胡锦涛在中国共产党第十八次全国代表大会上的报告，http://cpc.people.com.cn/n/2012/1118/c64094-19612151.html[2012-11-18]。

② 习近平：积极推动我国能源生产和消费革命，http://www.xinhuanet.com/politics/2014-06/13/c_1111139161.htm[2014-06-13]。

同发展和雄安新区建设、长三角创新发展、珠三角开放发展、老工业基地转型发展、中部地区崛起、能源富集地区绿色发展、西南地区共享发展、能源安全保障等研究内容，通过典型的区域案例和技术案例的调研与分析，在系统总结和深入研究能源革命对经济社会发展和生态环境保护的推动作用及能源安全专题分析研究的基础上，提出因地制宜推进能源革命的指导思想、战略思路、战略目标，阐述了 2035 年、2050 年能源革命在推动经济社会发展和改善生态环境方面的重要作用和推进区域能源革命的七大战略举措：第一，推进京津冀能源与经济、环境的协同发展，力争生态环保实现率先突破；第二，依托长三角一体化发展优势，建立集成优化、区域联动、智能调控的能源系统，推动区域创新发展；第三，依托“一带一路”和粤港澳大湾区建设，将珠三角地区打造成国家油气储备基地和可再生能源基地，成为国家能源安全保障体系的重要一环；第四，以能源高值化、多元化、低碳化推进经济转型，激发老工业基地振兴新动能；第五，充分发挥枢纽区位优势，依托西气东输、西电东送、北煤南运，将中部地区重点打造成为保障中东部地区能源供应的综合枢纽站；第六，依托新一轮西部大开发战略，将能源富集地区打造成绿色可持续的国家能源安全保障基地；第七，推进清洁能源开发与消纳，促进乡村振兴，共享西南地区能源发展成果。并从政策制定、组织机构、财税金融、人才队伍建设等方面提出相关措施，保障相关战略举措的落地生根。

通过研究，项目形成了《推进能源生产和消费革命（2035）——能源革命推动经济社会发展和生态环境保护战略研究》总报告 1 份和 9 份课题报告及其摘要报告，其报告由科学出版社出版发行。同时，项目相关研究成果也及时做了总结，向党中央、国务院及有关部门上报了《关于能源革命与区域发展协调推进的建议》等 5 份院士建议，递交《关于建设榆林国家级能源革命创新示范区的提案》等 3 份全国政协提案。项目研究成果对于我国推进能源革命具有重要借鉴意义。

在项目的研究中，参加人员坚持咨询工作的“战略性、科学性、时效性、可行性、独立性”，注重战略研究的“方法创新、调研充分、研讨深入、组织严谨”，取得了重要成果，不仅数据翔实、目标明确，而且技术路线和政策措施具体。

项目的研究成果是项目组全体院士、专家集体智慧的结晶，作为项目负责人，我衷心感谢项目顾问李晓红、周济等院士的精心指导和所有参与研究及提供支持的院士、专家的辛勤工作，期望本丛书能够进一步为政府部门的科学决策提供科学支撑，为相关领域专家学者的进一步研究提供有益借鉴。

在新的历史阶段，能源革命正面临着新的挑战与机遇。作为全球最大的能源消费国和生产国，中国同时也在积极推进全球能源绿色转型发展。目前正在组织开展能源革命系列第四期即“能源战略（2035）”研究，阶段成果已提交院士建议 3 份，将继续为推动新时代能源事业高质量发展、践行“四个革命、一个合作”能源安全新战略献计献策。

谢克昌

2021 年 5 月 20 日

前　言

能源是人类生存和发展的重要物质基础，是推动经济发展的动力和保障，同时能源发展带来的环境问题已经成为世界性问题。面对全球日益严重的能源和环境问题，节约能源、促进能源结构转型、大力推进化石能源清洁高效利用和开发可再生能源已成为世界各国保障能源安全、应对气候变化、实现可持续发展的重要举措。近年来，我国经济得到了长足发展，其发展是以能源的消耗为能动力的，能源大量消耗伴生的问题对环境造成的压力日渐增大，其中化石能源的燃烧所造成的污染尤为严重。能源既是经济社会发展的基础，又是保障，而清洁、无污染的环境是我们人类赖以生存的必要的基本条件。因此，如何做到经济、能源和环境的协调可持续发展是当今世界面对的一个重大议题，也是我国未来发展不可回避的课题。

2012 年 11 月，党的十八大报告[①]首次提出“推动能源生产和消费革命”，并提出了“全面落实经济建设、政治建设、文化建设、社会建设、生态文明建设五位一体总体布局”。2014 年 6 月，习近平在中央财经领导小组第六次会议上提出“推动能源生产和消费革命”，强调指出“面对能源供需格局新变化、国际能源发展新趋势，保障国家能源安全，必须推动能源生产和消费革命”，并提出了“推动能源消费革命，抑制不合理能源消费”“推动能源供给革命，建立多元供应体系”“推动能源技术革命，带动产业升级”“推动能源体制革命，打通能源发展快车道”“全方位加强国际合作，实现开放条件下能源安全”五点要求[②]。

推动能源革命必须与区域经济社会发展和生态环境保护有机结合。区域经济社会发展和生态环境保护离不开能源的支撑保障与协调发展。各区域能源资源禀赋特点差异较大，经济社会发展和生态环境现状也不尽相同。因此，在国家推进能源革命的过程中，必须与区域发展战略有机结合，重点突出与区域经济发展和生态环境保护的协调。

新疆、能源“金三角”地区（宁夏宁东、内蒙古鄂尔多斯、陕西榆林）是我国典型的化石能源富集地区，煤炭储量占全国储量的 70%，还有丰富的石油及天

---

① 《胡锦涛在中国共产党第十八次全国代表大会上的报告》，http://cpc.people.com.cn/n/2012/1118/c64094-19612151.html，（2012-11-18）[2020-12-02]。

②《习近平主持召开中央财经领导小组会议》，http://www.xinhuanet.com//video/2014-06/13/c_126616850.htm?from=timeline&isappinstalled=0，（2014-06-13）[2020-12-02]。

然气资源，是我国“西煤东运”“西气东输”“西电东送”的重要基地，是推进我国城市化、工业化的能源动力保障。新疆及能源“金三角”地区作为国家能源安全保障区、西部大开发战略新高地、国家能源资源低碳利用技术示范区、生态文明先行区、内陆开放型经济示范区，其战略发展地位直接关系到国家发展战略。新疆及能源“金三角”地区能源革命成功与否关系到国家能源安全战略成功与否、关系到国家能源战略布局的实施、关系到国家能源战略发展的方向。

本书新疆篇主要作者为：田亚峻、郑永红、杨艳丽、辛洪川、张小妹、李皓（中国科学院青岛生物能源与过程研究所、山东能源研究院、青岛新能源山东省实验室、泛能源大数据与战略研究中心）；肖宇、耿笑颖（中国科学院大连化学物理研究所）。

本书“金三角”篇主要作者为：张凯、赵茜阳、王永刚、王雅静、杨佳俊、王顺洁、赵建港[中国矿业大学（北京）]。

目　　录

第一篇　新　疆　篇

第二篇 “金三角”篇

第一篇

新 疆 篇

第一章　新疆经济社会与生态环境现状及特征

第一节　区 域 概 况①

新疆位于祖国西北边陲，地处亚欧大陆中部，地域辽阔、资源丰富、人口稀少、民族众多、文化多元、生态环境脆弱。新疆区位优势明显，战略位置显要，历史上是古丝绸之路的重要通道，现在是第二座"亚欧大陆桥"的必经之地、我国向西开放的门户、"一带一路"建设核心区和国家能源重要基地，其经济社会发展事关国家发展全局，受到党和国家的高度重视。

一、地域辽阔、地理环境特殊

新疆地域辽阔，是目前我国陆地面积最大的省级行政区，也是我国陆上面积最大、陆地边境线最长的边疆省区。全区面积 166 万平方公里②，占我国陆地总面积的 1/6；陆地边境线长达 5600 多公里，占全国陆地边境线的 1/4。

新疆地理环境特殊，地形地貌可概括为"三山夹两盆"：北面是阿尔泰山，南面是昆仑山，天山横贯中部，把新疆分为南北两部分，习惯上称天山以南为南疆，称天山以北为北疆。南疆的塔里木盆地面积 52.34 万平方公里，是中国最大的内陆盆地。位于塔里木盆地中部的塔克拉玛干沙漠，面积约 33 万平方公里，是中国最大、世界第二大流动沙漠。贯穿塔里木盆地的塔里木河全长约 2100 公里，是中国最长的内陆河。北疆的准噶尔盆地面积约 38 万平方公里，是中国第二大盆地。位于吐鲁番盆地的艾丁湖，湖面低于海平面 154.31 米，是中国陆地最低点。新疆水域面积 7400 平方公里，其中博斯腾湖水域面积 1646 平方公里，是中国最大的内陆淡水湖。新疆远离海洋，气候干燥少雨，属于典型的温带大陆性干旱气候，2018 年年均天然降水量仅有 154.8 毫米，冰川储量 2.13 万亿立方米，占全国

① http://www.xinjiang.gov.cn/xinjiang/dmxj/cmxj.shtml，[2020-12-02]。

② 1 公里=1 千米。

的 42.7%，有“固体水库”之称。

二、民族众多、宗教多样、文化多元

自古以来，新疆就是多民族聚居和多种宗教信仰并存的地区，是目前我国五个少数民族自治区之一。现有 56 个民族成分，其中有汉族、维吾尔族、哈萨克族、回族、蒙古族、柯尔克孜族、锡伯族、塔吉克族、乌孜别克族、满族、达斡尔族、塔塔尔族、俄罗斯族等 13 个世居民族。尽管如此，新疆人口仍然稀少。2018 年末，新疆全区常住人口 2486.76 万人，仅占全国人口总数的 1.8%。

新疆特殊的地理环境和多民族聚居造就了新疆自古以来就是多种宗教、多元文化并存的地区，是东西方文化的枢纽和东西方古文明的交汇地。新疆地区主要有伊斯兰教、佛教、基督教、天主教和道教等宗教信仰[①]。新疆具有丰富、璀璨的民族文化，既包括汉民族文化，也涵盖维吾尔族、回族等众多少数民族文化，是中华文化的瑰宝。新疆各族人民同全国各族人民一道，共同缔造了多元一体的中华民族大家庭和中华文化大家庭。

三、资源丰富

新疆能源及矿产资源种类全、储量大、开发前景广阔。截至 2018 年底，新疆已发现的矿产资源有 142 种，占全国已发现矿种的 82.08%。储量居全国首位的有 13 种，居前五位的有 56 种，居前十位的有 77 种。新疆的能源矿产储量极为丰富，据全疆矿产资源潜力评价，其煤炭地质储量 2.19 万亿吨，占全国煤炭地质储量的 40%；石油地质储量 230 亿吨，占全国陆上石油地质储量的 30%；天然气地质储量 16 万亿立方米，占全国陆上天然气地质储量的 34%。除矿产能源资源丰富外，新疆还具有丰富的风能、太阳能等可再生能源资源。其中，风能和太阳能资源技术可开发量均居全国省区第二位。此外，铁、铜、金、铬、镍、稀有金属、盐类矿产、建材非金属等矿产资源蕴藏丰富。

四、区位优势明显，战略位置显要

作为我国陆地面积最大的边疆省区，新疆具有显著的区位优势，国内与西藏、青海、甘肃等省区相邻，国际上与蒙古国、俄罗斯、哈萨克斯坦、吉尔吉斯斯坦、塔吉克斯坦、阿富汗、巴基斯坦、印度等 8 个国家接壤，是我国与国际邻国交界最多的省级行政区、我国西北的战略屏障和向西开放的重要门户、丝绸

① 《新疆的宗教信仰自由状况》，http://www.gov.cn/zhengce/2016-06/02/content_5078959.htm，（2016-06-02）[2020-12-02]。

之路经济带核心区、国家实施西部大开发战略的重点地区、全国重要的能源基地和运输通道、我国反恐维稳的前沿阵地和主战场，在国家发展全局中具有特殊重要性。

目前，新疆作为我国向西开放的前沿，与世界各国，特别是周边国家的经济交流与合作不断深化。全区现已开放的边境陆路口岸 15 个，航空口岸 2 个，是全国拥有口岸数量最多的省级行政区之一[①]。其中，阿拉山口口岸、霍尔果斯口岸是我国仅有的 2 个铁路、公路、输油气管道三位一体的国家一类口岸。新疆现有伊宁、塔城、博乐、吉木乃等 4 个边境经济合作区，还建有中哈霍尔果斯国际边境合作中心中方配套区。

第二节 经济社会发展现状及主要特征和问题[②]

一、发展现状

自新中国成立以来，在党中央的坚强领导和国家的大力支持下，新疆经济不断取得新进展，实现新突破，特别是改革开放以来的四十多年，新疆经济取得了前所未有的快速发展，地区生产总值已由 1978 年的 39 亿元增长到 2018 年的 12 199 亿元，实现了经济总量由不足百亿元到突破万亿元大关的历史性跨越。党的十八大以来，新疆深入贯彻落实党中央和国务院有关新疆工作的决策部署，经济发展逐步由高速发展阶段迈入高质量发展的新阶段。

经济综合实力显著提升。地区生产总值由 2013 年的 8380 亿元增长到 2018 年的 12 199 亿元（图 1-1），年均增速约 8.0%，高于同期全国年均增速 6.9%的水平。人均地区生产总值由 2013 年的 37 270 元增加到 2018 年的 49 051 元，年均增长 7.8%（以不变价计算），高于同期全国年均增速 6.3%的水平。

一般公共预算收入和居民人均可支配收入稳步增长。一般公共预算收入由 2013 年的 1128 亿元增加到 2018 年的 1531 亿元（表 1-1），年均增长 6.3%，低于同期全国平均增速水平（7.3%）。城乡居民人均可支配收入由 2013 年的 13 670 元增加到 2018 年的 21 500 元，年均增长 9.5%，高于同期全国平均增速水平（9.0%）。其中，城镇居民人均可支配收入年均增长 9.2%，高于同期全国平均增速水平（8.2%）；农村居民人均可支配收入年均增长 8.8%，低于同期全国平均增速水平（9.2%）。

---

① 资料来源：http://www.xjeport.gov.cn/xjeport/navinew/dzka/kagk.action，[2020-12-02]。

② 资料来源：《新疆统计年鉴》（2014～2019 年）和《中国统计年鉴》（2014～2019 年）。

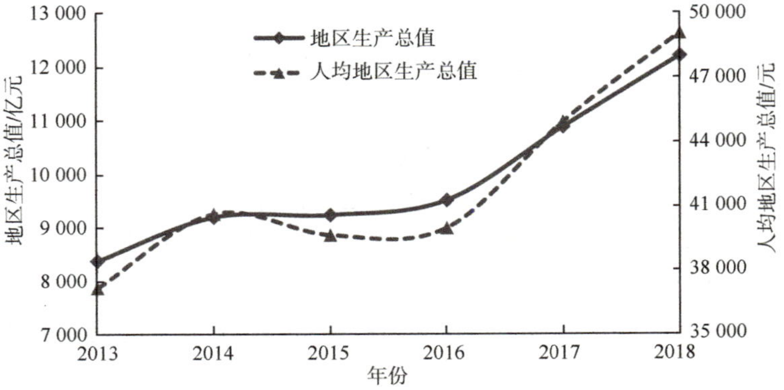

图 1-1　2013～2018 年新疆的地区生产总值和人均地区生产总值

表 1-1　2013～2018 年一般公共预算收入和居民人均可支配收入

年份	一般公共预算收入/亿元		居民人均可支配收入/元					
			城乡		城镇		农村	
	新疆	全国	新疆	全国	新疆	全国	新疆	全国
2013	1 128	129 210	13 670	18 311	21 091	26 467	7 847	9 430
2014	1 282	140 370	15 097	20 167	23 214	28 844	8 724	10 489
2015	1 331	152 269	16 859	21 966	26 275	31 195	9 425	11 422
2016	1 299	159 605	18 355	23 821	28 463	33 616	10 183	12 363
2017	1 467	172 593	19 975	25 974	30 775	36 396	11 045	13 432
2018	1 531	183 360	21 500	28 228	32 764	39 251	11 975	14 617

城镇化率稳步提升，贫困发生率快速下降。2018 年新疆城镇化率为 50.9%，比 2013 年提高 6.4 个百分点，但比全国平均水平低 8.7 个百分点。2018 年新疆农村贫困发生率为 6.6%，比 2013 年降低 13.2 个百分点，但比全国平均水平高 4.9 个百分点（表 1-2）。

表 1-2　2013～2018 年常住人口城镇化率和农村贫困发生率

年份	常住人口城镇化率		农村贫困发生率	
	新疆	全国	新疆	全国
2013	44.5%	53.7%	19.8%	8.5%
2014	46.1%	54.8%	18.6%	7.2%
2015	47.2%	56.1%	15.8%	5.7%
2016	48.4%	57.3%	12.8%	4.5%
2017	49.4%	58.5%	9.9%	3.1%
2018	50.9%	59.6%	6.6%	1.7%

二、主要特征

（一）资源型经济发展模式占主导地位

2013～2018 年，新疆规模以上工业增加值中重点产业（石油、电力、化学、有色、煤炭工业）比重保持在 70%左右，说明资源型经济发展模式在工业中占主导地位（表 1-3）。

表 1-3　2013～2018 年新疆规模以上工业增加值及五大重点产业增加值比重①

年份	规模以上工业增加值/亿元	增加值占比					
		石油工业	电力工业	化学工业	有色工业	煤炭工业	五大重点产业
2013	2934	43.6%	10.2%	10.2%	4.8%	4.8%	73.6%
2014	3151	45.2%	9.6%	9.7%	5.4%	4.5%	74.4%
2015	2663	32.9%	11.2%	10.4%	7.7%	5.1%	67.3%
2016	2441	30.4%	13.1%	11.2%	9.5%	5.3%	69.5%
2017	3060	35.6%	13.2%	10.4%	9.3%	5.3%	73.8%
2018	3564	38.2%	12.4%	10.7%	9.4%	5.2%	75.9%

（二）外向型经济发展相对落后

新疆对外贸易规模总体呈下降趋势（表 1-4）。2018 年新疆在全国进出口贸易总额中占比 0.4%，居全国第 24 位。对外贸易依存度呈下降趋势，从 2013 年的 20.4%下降到 2018 年的 10.8%，对外贸易依存度较同期全国平均水平低 20 多个百分点，因此，新疆外向型经济仍然相对落后。

表 1-4　2013～2018 年新疆和全国对外贸易

年份	进出口贸易总额/亿美元		对外贸易依存度	
	新疆	全国	新疆	全国
2013	276	41 590	20.4%	45.0%
2014	277	43 015	18.5%	41.5%
2015	197	39 530	13.3%	36.4%
2016	180	36 856	12.5%	32.9%
2017	207	41 072	12.8%	33.6%
2018	200	46 224	10.8%	34.0%

① 资料来源：新疆维吾尔自治区 2013～2018 年国民经济和社会发展统计公报。

（三）绿色发展正成为新的经济增长方式

绿色发展是构建现代化经济体系的必然要求，是经济社会高质量发展的重要途径。绿色发展正成为新疆新的经济增长方式。

一是通过淘汰落后产能，实现产业结构调整，推动绿色发展。新疆2013年出台《2013—2015年淘汰落后产能规划》，重点对钢铁、焦炭、铁合金、焦化、电力等16个行业落后产能进行淘汰，安排退出落后产能总量约为1800万吨。2013年，新疆淘汰落后产能500余万吨，其中，炼铁15万吨、炼钢100万吨、焦炭174.5万吨、水泥217万吨。2014～2015年，新疆淘汰落后产能800余万吨，其中，炼铁50万吨、炼钢50万吨、焦炭317.5万吨、水泥130万吨、煤炭143万吨。2016～2018年，新疆累计关闭退出煤矿157处，化解煤炭过剩产能1899万吨/年，提前超额完成新疆“十三五”煤炭去产能目标任务，大中型煤矿数量占比由原先的30%左右提高到了96%，产能占比由原先的50%左右提高到了99%。2018年，新疆规模以上工业单位工业增加值能耗比2017年下降3.22%。

二是大力发展可再生能源等绿色能源。2013～2017年，新疆可再生能源发电量由310.5亿千瓦时提高到641.9亿千瓦时，增长约1.1倍。可再生能源生产量占能源生产总量的比重由5.6%提高到9.3%，可再生能源消费量占能源消费总量的比重由7.8%提高到11.5%。

三是提升能源利用效率。新疆单位生产总值能耗由2013年的1.80吨标准煤/万元下降到2018年的1.59吨标准煤/万元；能源消费弹性系数由2013年的1.88下降至2017年的0.88；电力消费弹性系数由2013年的3.56下降至2017年的1.18。这些都表明新疆能源利用效率在稳步提高。

三、主要问题

（一）经济社会发展相对落后

尽管新疆经济社会呈现出良好的发展态势，但与全国其他地区相比，总体上处于相对落后的水平。新疆部分主要经济社会指标在全国31个省区市中的排名相对稳定，均处于相对落后的水平（表1-5）。地区生产总值处于全国第25～26位，人均地区生产总值的排名为第16～21位；一般公共预算收入处于第24～26位，农村居民人均可支配收入处于第22～24位，城镇居民人均可支配收入的排名波动最大，为第17～28位；第一产业增加值处于第19～21位，第二产业增加值处于第25～26位，第三产业增加值保持在第26位。

表 1-5　2013～2018 年新疆经济社会指标的全国排名

年份	地区生产总值	人口	人均地区生产总值	一般公共预算收入	城镇居民人均可支配收入	农村居民人均可支配收入	第一产业增加值	第二产业增加值	第三产业增加值
2013	25	25	18	26	28	22	20	25	26
2014	25	25	16	25	26	23	19	25	26
2015	26	25	20	24	20	24	21	26	26
2016	26	25	21	24	17	23	19	26	26
2017	26	24	21	24	19	23	20	25	26
2018	26	24	19	24	22	23	20	25	26

（二）经济社会发展不平衡

新疆经济社会发展很不平衡，主要体现在以下两个方面。

一是城乡发展不平衡。历史、地理等原因造成城乡发展差异，城乡发展不平衡不仅表现在经济差距方面，还表现在受教育水平、医疗水平、就业率、就业质量、政府公共服务水平等诸多方面。以经济差距为例，2013～2018 年，新疆城镇居民人均可支配收入明显高于农村居民。其中，2018 年城镇居民人均可支配收入为 32 764 元，是农村居民的 2.7 倍；城镇居民人均消费水平为 22 797 元，是农村居民的 2.6 倍。

二是南北疆发展不平衡。天山山脉把新疆一分为二，南部为南疆，北部为北疆。北疆地区的地形地貌以草原为主，而南疆地区的地形地貌以沙漠绿洲为主。北疆地区的发展整体上优于南疆地区，其中，经济发展方面，北疆集中了全疆约 60%的经济总量。城镇化发展方面，新疆的城市主要集中在北疆地区，包括哈密、吐鲁番、昌吉、石河子、北屯、克拉玛依、伊宁等，首府乌鲁木齐也位于北疆地区，北疆地区初步形成了以乌鲁木齐为中心的西北地区最大的城市集群；而农村集中于南疆地区。教育资源方面，新疆的主要高校都在北疆，而南疆仅有两所本科高校。

（三）产业结构不合理

尽管新疆经济结构不断得到优化，但仍不够合理，主要表现在：第一产业占比偏高、第三产业占比偏低；第二产业中，重工业仍占主导地位等。以 2018 年为例，与全国三次产业结构（7.2∶40.7∶52.2）相比，新疆第一产业比重较全国平均水平高出近 7 个百分点，占比是全国平均水平的近 2 倍，第二产业占比相当，而第三产业占比则明显偏低（图 1-2）。

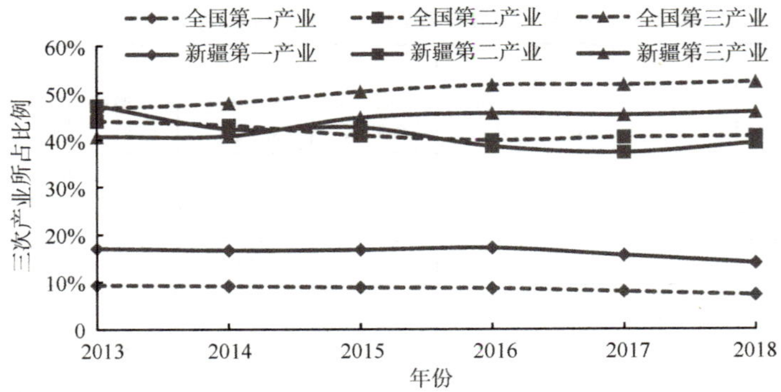

图 1-2　2013～2018 年全国与新疆的产业结构

（四）经济增长方式粗放

目前，新疆经济增长方式仍相对粗放，特别是能源利用效率仍处于较低水平。以 2018 年为例，新疆万元地区生产总值能耗为 1.59 吨标准煤，是全国平均水平的 2.5 倍；万元地区生产总值电耗为 0.26 万千瓦时，是全国平均水平的 3 倍多；能源消费弹性系数和电力消费弹性系数都远高于全国平均水平。

（五）科技创新水平落后

新疆的综合科技创新水平指数在全国省区市中排名第 30 位①。新疆科技创新仍面临一些突出问题，主要表现在：科技创新投入明显不足，研发投入低于全国平均水平 1.4 个百分点以上（表 1-6）；高层次创新型科技人才匮乏；区域创新体系不完善，企业技术创新主体地位尚未真正确立，产学研协同创新有待进一步加强；科技与经济结合不够紧密，研发成果转移、转化效率不高，产业和民生关键技术自给率低等。

表 1-6　2013～2017 年新疆和全国研发投入强度

年份	研发投入在（地区）生产总值中占比	
	新疆	全国
2013	0.54%	2.09%
2014	0.53%	2.09%
2015	0.56%	2.10%
2016	0.59%	2.08%
2017	0.52%	2.12%

资料来源：2013～2017 年新疆科技工作年度报告和中华人民共和国 2013～2017 年国民经济和社会发展统计公报

① 中国科学技术发展战略研究院，《中国区域科技创新评价报告 2018》，浦江创新论坛，2018。

（六）国际合作水平较低

新疆地处亚欧大陆中心，是丝绸之路经济带核心区和我国向西开放的重要门户，具有显著的国际合作区位优势。然而，新疆内生型经济占绝对主导地位，对外贸易依存度较低，国际合作仍处于较低水平。以对外贸易为例，目前新疆对外贸易水平远低于全国平均水平。一是对外贸易以边境小额为主，边境小额占比可达 48%～67%。二是主要贸易伙伴少。虽然与 8 个国家交界，但主要贸易伙伴只有哈萨克斯坦和吉尔吉斯斯坦，与两国的对外贸易占比合计超过 45%，2017 年接近 70%。三是私营企业外贸占主导地位。2013～2017 年，私营企业对外贸易总额占比超过 70%，2017 年超过 85%。

第三节　环境现状及主要问题

一、现状与特征

广义而言，环境是指相对于某一中心事物周围所存在的条件，既包括以空气、水、土地、植物、动物等为内容的物质因素，也包括以观念、制度、行为准则等为内容的非物质因素；既包括自然因素，也包括社会因素。通常所说的环境是指围绕着人类的外部世界，是人类赖以生存和发展的物质条件与非物质条件的综合体，包括自然环境和人文环境，本章内容仅指自然环境。根据环境要素进行分类，自然环境包括大气环境、水环境、土壤环境和生态环境等。

（一）大气环境质量

近年来，在国务院《大气污染防治行动计划》实施下，新疆启动了重要行业、重要区域（乌鲁木齐—昌吉—石河子、奎屯—乌苏—独山子等）污染综合治理措施，坚决打好污染防治攻坚战，大气环境恶化趋势得到一定程度的控制，但形势依然严峻。一是空气质量优良率凸显回升势头，但仍低于全国平均水平。2013～2018 年新疆空气质量呈现出由快速恶化到改善回升的发展态势[①]。其中，2013～2016 年属于快速下降状态，空气质量优良率由 76.7%降至 67%。在《大气污染防治行动计划》推动下，2017～2018 年环境质量有所好转，空气质量优良率提升至 74.3%（图 1-3），但与全国平均水平（79.3%）相比，仍相差 5 个百分点。而且新疆空气质量恶化—改善的拐点（2016 年）较全国平均状态推迟 2 年左右。二是主要污染

① 资料来源：新疆维吾尔自治区环境状况公报（2013～2018 年）。

物浓度整体下降，但 $PM_{2.5}$ 和 PM_{10} 仍未达标，且臭氧浓度逐步上升。在六大类主要污染物浓度监测中，2013～2018 年 PM_{10}、$PM_{2.5}$ 年均浓度虽然整体呈现下降趋势，但 2018 年仍达到 99 微克/米^3 和 41 微克/米^3（图 1-4），超出国家标准（二级标准分别为 70 微克/米^3 和 35 微克/米^3）。二氧化硫和二氧化氮年均浓度及一氧化碳日均浓度均符合国家空气质量一级标准，臭氧日最大 8 小时平均浓度符合国家二级标准。但是值得注意的是，在其他污染物浓度不断下降的同时，臭氧浓度却正在逐渐升高。因此，控制 $PM_{2.5}$、PM_{10} 浓度及臭氧排放是新疆未来提升空气质量的关键。三是主要污染物排放量快速下降。2013～2017 年，新疆二氧化硫和二氧化氮排放均呈现出快速下降趋势。2013 年，两者排放量分别为 82.94 万吨和 88.67 万吨，2017 年分别降至 34.12 万吨和 32.74 万吨，年均下降率均在 20%左右。两者的不同之处在于排放源的构成。二氧化硫除工业排放外，另外一个主要排放源为居民生活，2017 年居民生活在二氧化硫排放源中所占比重达 40%。但居民生活在二氧化氮排放源中仅占 6.9%的比重。二氧化氮另外一个主要排放源为交通运输，2017 年所占比重超过 35%。四是二氧化碳排放量持续增长，人均碳排放和单位地区生产总值碳排放居高不下。基于相关数据[①]，采用排放系数法对碳排放量进行估算，结果如图 1-5～图 1-7 所示。2013 年新疆能源消费二氧化碳排放量约 2.99 亿吨，2017 年增至 3.72 亿吨，年均增长率为 5.6%，略低于能源消费量年均增长率（6.28%）。人均碳排放量整体呈现上升状态，2013 年为 13.22 吨二氧化碳，2017 年增至 15.23 吨二氧化碳，年均增速约为 3.6%。从全国范围来看，新疆人均碳排放水平远高于全国平均水平（6.6 吨二氧化碳），是全国平均水平的 2 倍之多。

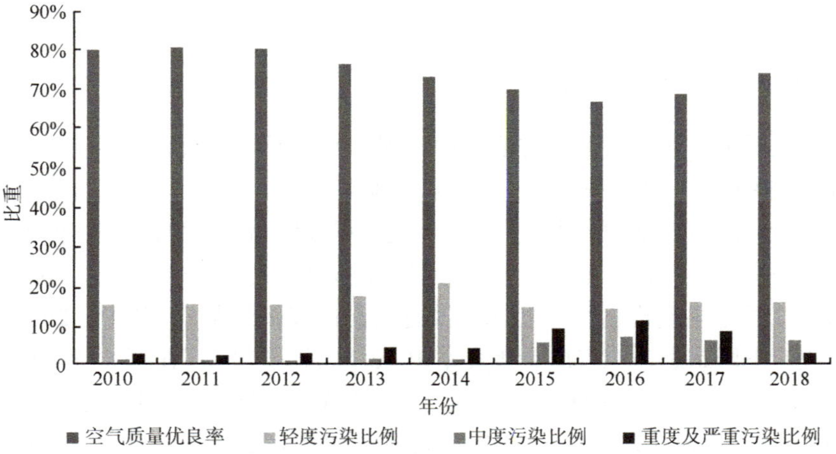

图 1-3　新疆 2010～2018 年空气质量情况

① 资料来源：《新疆统计年鉴》（2014～2018 年）和《中国能源统计年鉴》（2014～2018 年）。

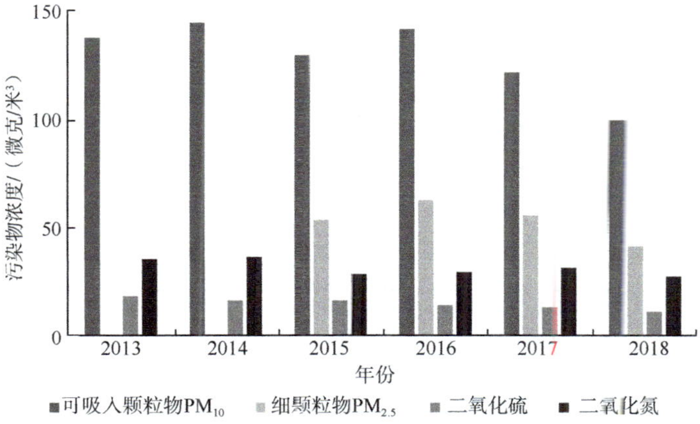

图 1-4　新疆 2013～2018 年空气污染物平均浓度

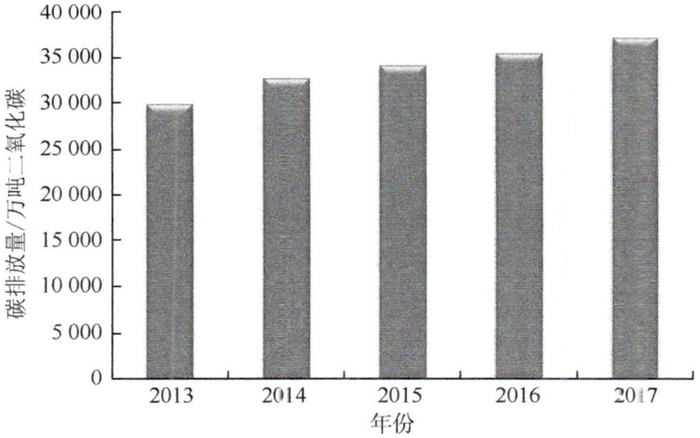

图 1-5　新疆能源消费二氧化碳排放情况

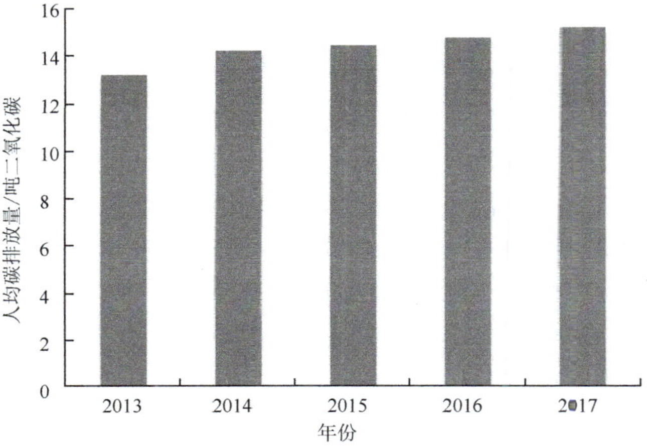

图 1-6　新疆人均碳排放情况

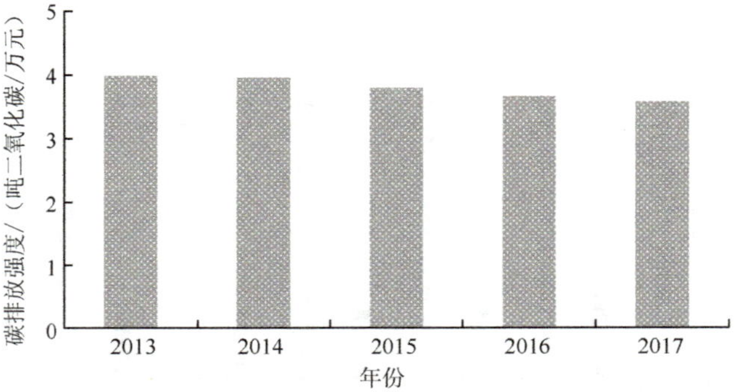

图 1-7　新疆碳排放强度情况

单位地区生产总值二氧化碳排放强度(基于 2010 年不变价)整体呈下降趋势,2013 年约为 3.98 吨二氧化碳/万元，2017 年降至 3.57 吨二氧化碳/万元，年均下降率为 2.68%。2017 年与 2015 年相比(3.79 吨二氧化碳/万元),碳排放强度约下降 5.8%,顺利完成《新疆维吾尔自治区“十三五”控制温室气体排放工作实施方案》中确定的“到 2020 年，单位地区生产总值二氧化碳排放比 2015 年下降 12%”的 2 年累计目标（4.99%）。与全国平均水平（1.23 吨二氧化碳/万元）相比，新疆碳排放强度相当于全国平均水平的近 3 倍。这主要是跟煤炭占比高居不下的能源消费结构及第一、第二产业比重偏高的产业结构相关。

（二）水环境质量

近年来，新疆深入推进《水污染防治行动计划》，全面落实“水十条”重点任务，水环境得到进一步改善。一是河流湖泊优良水质率逐步提升。新疆维吾尔自治区环境状况公报显示，2013 年全区河流水质优良率达到 94.76%，2018 年达到 97.6%（图 1-8），优于全国总体情况（71%）。全区湖泊水质也在逐步改善，2013 年湖泊优良水质占比 68.75%，2018 年增至 74.2%（图 1-9）。二是水体污染物排放量大幅减少。2013 年全区工农业生产和居民生活共排放污水 10.07 亿吨，至 2017 年降至 7.93 亿吨，年均下降率达 5.8%（图 1-10）。废水排放量的快速下降主要归结于工业领域清洁生产带来的废水排放量快速下降,工业废水排放量由 2013 年的 3.47 亿吨降至 2017 年的 1.6 亿吨,所占比重由 2013 年的 34%降至 2017 年的 20%（图 1-11）。在工业废水中，排放量最多的主要是化学纤维制造业、化学原料及化学制品制造业，以及石油加工、炼焦及核燃料加工业，三者累计废水排放总量接近工业废水排放量的一半（图 1-12）。

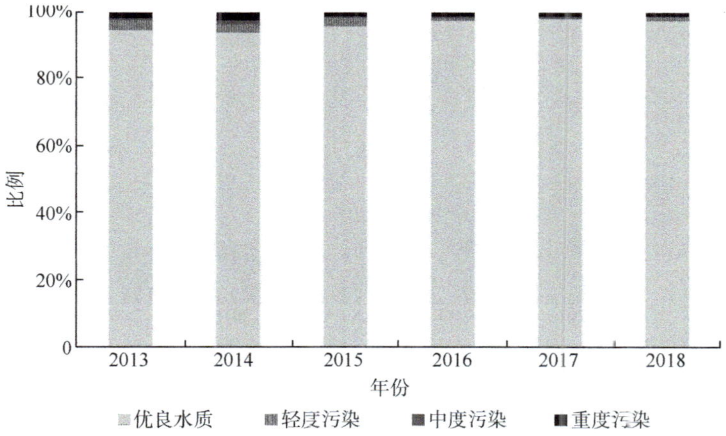

图 1-8　新疆河流水质

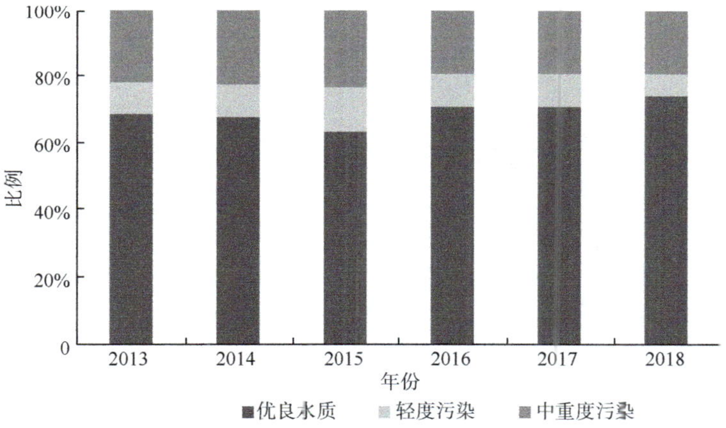

图 1-9　新疆湖泊水质

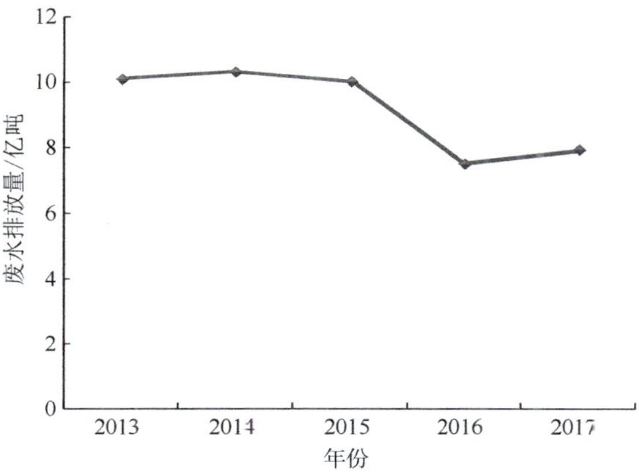

图 1-10　废水排放情况

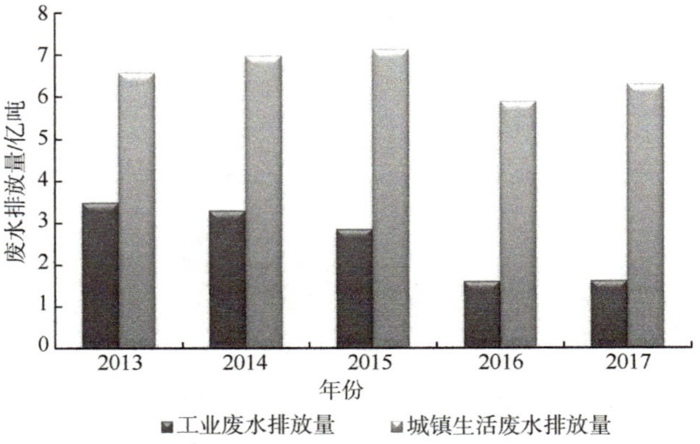

图 1-11　工业废水和城镇生活废水排放情况

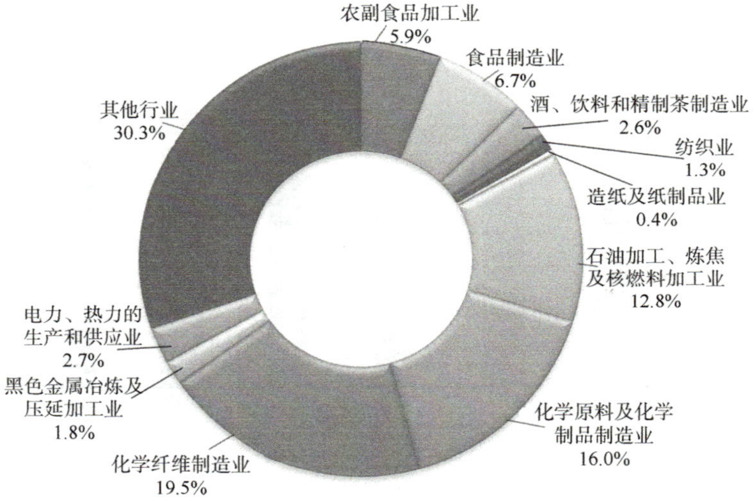

图 1-12　2017 年工业废水行业排放情况

（三）土壤环境质量

近年来，新疆大力开展防沙净土工作，土壤生态环境恶化趋势得到缓解，但沙化形势依然严峻。一是土壤污染水平整体良好，达到国家二级标准。2018 年，在全疆监测的 286 个土壤监测点位中，所有监测点均达到国家土壤环境质量二级标准，重金属污染为零，土壤环境质量污染等级为安全，污染水平为清洁①。二是土壤荒漠化面积快速减少，但沙化面积仍不断扩展。根据有关资料②，截至 2014

① 资料来源：《新疆维吾尔自治区 2018 年环境状况公报》。

② 《新疆启动第六次荒漠化和沙化监测》，http://www.forestry.gov.cn/main/72/20191104/155953183907782.html

年底新疆荒漠化土地面积 107.06 万平方公里，沙化土地面积 74.71 万平方公里，与 2009 年相比，荒漠化土地面积减少了 589.20 平方公里，年均减少 117.84 平方公里。沙化土地面积扩展了 367.18 平方公里，年均扩展 73.44 平方公里。

（四）生态环境质量

近年来，新疆生态环境总体逐步改善，但仍处于较差状态。一是绿洲森林生态环境有所改善。全区实现了森林面积、森林蓄积量和森林覆盖率三增长。2010 年森林面积约为 1 亿亩[①]，到 2018 年增至 1.2 亿亩，森林覆盖率由 2010 年的 4.02% 提升至 2018 年的 4.9%，绿洲森林覆盖率由 23.5%增至 28.5%，森林蓄积量由 3 亿立方米增至 3.92 亿立方米。二是草地生态环境恢复良好。2017 年，全疆综合植被盖度、植被高度分别为 41.48%和 27.9 厘米，比 2012 年提高 1.71 个百分点和 2.42 厘米。天然草原鲜草总产量达 10 694.35 万吨，较“十二五”期间鲜草产量均值增加 15.12%；天然草原超载率由实施生态补奖机制前的 33%降至目前的 8.7%。全疆草原植被盖度、高度和产草量均达到和超过国家制定的生态恢复绩效指标。三是绿色发展指标仍处于全国末端地位。《2016 年生态文明建设年度评价结果公报》[②]显示：新疆绿色发展指数为 75.2，在全国 31 个省区市中排名倒数第一，其中，资源利用指数、环境治理指数、环境质量指数、增长质量指数分别位于全国的第 27、29、25、31 位。

二、存在的问题

新疆自然条件较恶劣，气候干旱少雨，植被稀少，生态环境脆弱，面临着严峻的生态环境问题。

（一）生态环境脆弱，植被覆盖率低

2016 年新疆生态环境质量整体仍处于较差状态[③]，主要表现在植被覆盖率低、生物物种相对少、生态环境脆弱等方面。在全疆 166.49 万平方公里的土地面积中，森林、湖泊、湿地等面积仅约占 18%，40%为不毛之地，另约有 42%的土地呈有荒漠植被覆盖，但植物区系简单、种类较少，植被覆盖率低。虽然经过多年人工

---

① 1 亩≈666.67 平方米。

② 《2016 年生态文明建设年度评价结果公报》，http://www.stats.gov.cn/tjsj/zxfb/201712/t20171226_1566827.html，（2017-12-26）[2020-12-02]。

③ 《2017 中国生态环境状况公报背景材料》，http://www.mee.gov.cn/gkml/sthjbgw/qt/201805/t20180531_442212.htm，（2018-05-31）[2020-12-02]。

造林、山区脊地更新，但截至 2018 年底，森林覆盖率才提升到 4.9%，不足全国平均水平（21.96%）的 1/4，在全国各省区市中排名最后一位。

（二）土地荒漠化、沙化现象严重，且仍在不断恶化

新疆是我国荒漠化和沙化面积最大、分布最广、危害最为严重的省区。在《中华人民共和国防沙治沙法》颁布之后，新疆开始实施防沙治沙工作，沙漠化扩展速度虽然得到缓解（年扩展速度由 20 世纪 80 年代的 400 平方公里降至 2016 年的 70 多平方公里），但沙漠化和沙化土地面积仍居全国第一位。第五次全国荒漠化和沙化监测结果显示：截至 2014 年，新疆荒漠化土地面积达 107.06 万平方公里，占全区土地总面积的 64.30%，占全国土地荒漠化面积的 30%；沙化土地面积 74.71 万平方公里，占全国沙化土地总面积的 43.4%，占全区土地总面积的 44.87%。全区沙化土地涉及 89 个县（市）、1400 多万人，且全区 97%以上的贫困县集中在沙区。沙区经济发展缓慢，进而加剧对土地的低效扩展与掠夺，造成生态与经济的恶性循环。

（三）干旱少雨、蒸发强烈，缺水严重

新疆气候干燥、降水稀少、蒸发强烈，水资源异常短缺。根据相关资料①，全区多年平均降水量 147 毫米，不足全国平均水平的 1/4，其中北疆 150～200 毫米，南疆不足 100 毫米；但全年平均蒸发量在 2000 毫米以上，局部地区可达到 4000 毫米以上。降水和蒸发的强烈反差，导致新疆水资源异常短缺。2017 年，全区水资源总量为 1013 亿立方米，仅占全国总量的 3.5%左右。人均水资源量 4144 立方米，约为全国人均水资源量（2074 立方米）的 2 倍；但是单位面积水资源量仅为每平方公里 5.3 万立方米，列全国倒数第 3 位。

① 资料来源：《全国水资源综合规划》和《新疆统计年鉴 2018》。

第二章　新疆能源产业发展现状及特征

第一节　能源资源现状与特征

新疆地大物博，区内不仅蕴藏着丰富的常规能源资源，还具有非常丰富的新能源资源，是我国典型的能源资源富集区。新疆能源资源除总量丰富外，还具有种类齐全、分布相对集中、后发优势突出等诸多开发利用优势，为发展能源、化工、材料及相关产业提供了雄厚的资源基础。

一、资源现状

（一）化石能源资源

新疆化石能源资源品种多样，储量丰富。2017 年，全疆已发现能源矿产资源 11 种，包括煤、石油、天然气、煤层气、油页岩、可燃冰、铀、钍、油砂、天然沥青和地热。与全国已发现的能源矿产资源品种相比，仅缺少天然气水合物和石煤两类。在已发现的能源矿产中，探明率较高并已规模化利用的能源矿产资源主要有煤炭、石油、天然气和煤层气四类。

1. 煤炭资源

新疆煤炭资源具有总量丰富、分布集中、品质优良、适于开采等诸多特征，为新疆发展大型煤电煤化工产业提供了坚实的资源保障。一是资源储量极为丰富。全国第三次煤炭资源预测与评价成果显示，新疆在垂深 2000 米以浅、面积 7.64 万平方公里范围内，煤炭预测资源总量可达 2.19 万亿吨（表 2-1），占全国总量的 40%，位居全国首位。截至 2017 年底，全区累计探明煤炭资源储量达到 4890 亿吨（图 2-1），占全国总量的 29.3%，仅次于内蒙古，位居全国第二；但其资源探明率仅为 22.3%，低于全国平均水平（30%）。2017 年新增煤炭探明资源储量为

116 亿吨，约占全国当年新增煤炭探明资源总量的 62%[①]。二是资源分布集中，整体呈现北富南贫的特征。新疆煤炭资源主要分布在准噶尔盆地东南部、伊犁盆地、吐哈盆地和塔里木盆地北缘一带，具体可分为准噶尔-北天山、西南天山、塔里木三大含煤区，下辖 13 个煤田和 53 个煤产地。其中，98%的煤炭资源分布于北疆，南疆四地州（阿克苏、喀什、克州、和田）煤炭资源仅占新疆煤炭资源总量的 2%，而且主要集中在阿克苏地区[②]。三是成矿条件优越，适合建设大型煤矿。新疆煤田煤层赋存较浅，开采条件优良，其中 1000 米以浅资源量占总预测资源量的 60%。此外还具有煤层厚度大、煤层多、地质构造简单、开采成本低等特点，适合建设大型、特大型现代化安全高效矿井。已探明全疆共有 24 个预测资源量超过 100 亿吨的煤田，其中超过 1000 亿吨的有 6 个，分别是准南煤田、准东煤田、吐哈煤田、三塘湖煤田、伊宁煤田及和什托洛盖煤田，共占全区预测总量的 80%左右[③]。四是煤质总体较好。新疆煤炭以动力煤为主，占预测资源总量的 81%，其余为炼焦煤。动力煤以中低变质的长焰煤、不黏煤和弱黏煤为主，其次为中变质的气煤、肥煤。侏罗纪是新疆的主要成煤年代，具有低灰（部分为特低灰，仅为 3%～5%）、特低硫、特低磷、发热量高等特点，在预测资源量中，灰分低于 25%的约占 95%，低于 15%的约占 47%，低于 10%的约占 16%；硫分低于 1.5%的约占 96%，低于 1%的约占 80%。

表 2-1　新疆煤炭资源储量表（2014 年）

含煤区	储量/万亿吨	定位	主要煤田	特点
准噶尔地区	0.73	建设“西电东送”煤电一体化的煤炭生产基地，并参与西煤东运	准东煤田	埋藏浅、煤质好
			准南煤田	煤种齐全、经济发达
			和什托洛盖煤田	民用和动力为主
			准西北煤田	低灰、低硫、高发热量
吐哈地区	0.71	“西煤东运”大型煤炭基地，并满足当地生产及生活用煤	吐哈煤田	煤质好，埋藏浅，易采，交通方便
			沙尔湖煤田	
			三塘湖煤田	
伊犁地区	0.62	“西气东输”煤制天然气和煤化工的煤炭生产基地，并满足当地生产及生活用煤	伊宁煤田	煤质较好，高发热量，属优质动力、民用煤，与哈萨克斯坦相邻，可西出国境
			尤鲁都斯煤田	
			焉耆煤田	
			库米什煤田	

① 《2017 年全国地质勘查成果通报》，http://www.mnr.gov.cn/gk/tzgg/201805/t20180508_1992982.html，（2018-05-08）[2020-12-02]。

② 孙海勇，杨芊，樊金璐：《新疆煤炭及煤化工产业发展现状与趋势分析》，《煤炭经济研究》，2020 年第 40 卷第 2 期：第 57～61 页。

③ 宋明智：《新疆煤炭供需平衡分析及产业发展技术路线研究》，中国矿业大学博士学位论文，2013。

续表

含煤区	储量/万亿吨	定位	主要煤田	特点
塔里木北地区	0.13	满足南疆生产生活用煤，适度发展焦煤等稀缺煤种生产为主	库拜煤田 孔雀河煤田	煤种较全，适宜炼焦及动力、化工、民用等多用途
总计	2.19	—	—	—

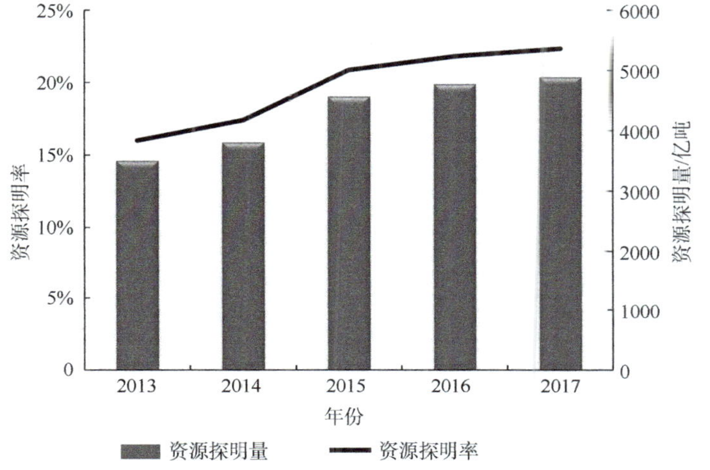

图 2-1　新疆煤炭资源探明情况

资料来源：《新疆维吾尔自治区矿产资源总体规划（2016—2020 年）》《2016 年全国地质勘查成果通报》《2017 年全国地质勘查成果通报》

2. 石油和天然气资源

新疆油气资源具有总量丰富、分布集中、发展潜力大等诸多特征，是新疆发展大型油气能源化工产业的基石。一是资源储量非常丰富。原国土资源部组织的新疆地区油气资源动态评价结果显示：2012 年新疆油气资源总量约为 365 亿吨油当量，约占全国陆上油气资源总量的 1/3，占中国西北地区油气资源总量的 80%。其中石油预测资源量 228 亿吨油当量，占全国石油总资源量的 22%，占全国陆地石油总资源量的 30%。2012 年天然气预测地质储量为 17.5 万亿立方米，占全国天然气资源总量的 28%[①]。二是资源分布集中。全疆 51%的石油资源和 82%的天然气资源分布在塔里木盆地（图 2-2 和图 2-3），38%的石油资源和 15%的天然气资源分布在准噶尔盆地，两者累计可占全疆 92%以上的油气资源。据预测，吐哈盆地也有 15 亿吨的石油资源和 3650 亿立方米的天然气资源，在全疆油气资源总量中占据 4.2%的比重。三塘湖、柴窝堡、伊宁、焉耆等盆地估算油气资源量约为

① 《2012 年全国油气资源动态评价成果新闻发布会》，http://www.gov.cn/xwfb/2014-01/08/content_2562426.htm，（2014-01-08）[2020-12-02]。

12 亿吨油当量，在全疆油气资源总量占比 3%左右。新疆主要油气田包括塔里木油田、克拉玛依油田、塔河油田、吐哈油田、宝浪油田等，其中塔里木油田是全国油气资源超过百亿吨的三大油田之一。三是勘探潜力巨大。截至 2016 年底，全疆累计探明油气资源量超过 80 亿吨油当量。其中石油探明资源储量约 60 亿吨油当量，位居全国第二位，资源探明率为 26%，略低于全国平均水平（30%）；累计探明天然气资源储量 2.1 万亿立方米，位列全国第二位，资源探明率为 13.1%，略低于全国平均水平（14%）。主要产油气盆地——塔里木盆地、准噶尔盆地处于勘探中期，还包括大量的新区带、新层系，未来新疆油气资源仍有巨大潜力。

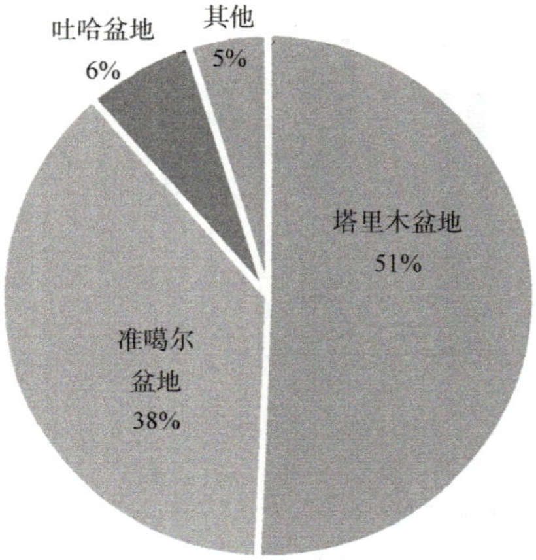

图 2-2　石油资源储量分布

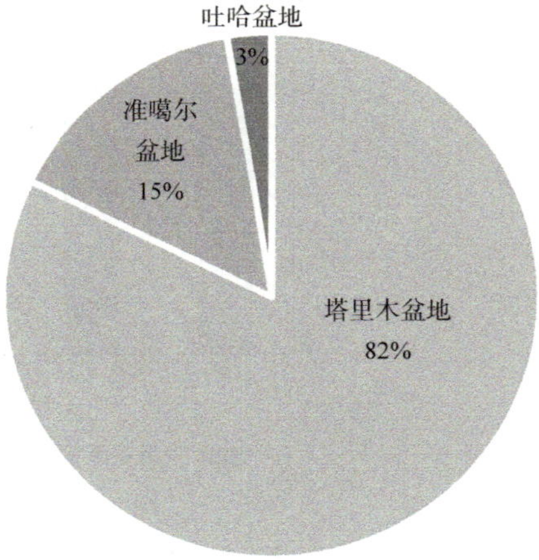

图 2-3　天然气资源储量分布

3. 煤层气资源

新疆具有较丰富的煤层气资源和良好的开发利用潜力。第三次全国油气资源评价显示：新疆 2000 米以浅的煤层气地质资源量约为 9.51 万亿立方米，占全国资源总量的 25.7%。至 2018 年底，累计探明资源量为 1180 亿立方米[①]，资源探明率仅约 1.24%。

（二）可再生能源资源

1. 水能资源

尽管新疆总体上属于干旱缺水地区，但仍然具有一定的水能资源开发利用潜

① 根据《新疆维吾尔自治区矿产资源总体规划（2016－2020 年）》中显示的“截至 2015 年底累计探明 980 亿立方米”和新疆维吾尔自治区发展和改革委员会提供的“十三五期间共计探明煤层气 200 亿立方米”进行累加所得。

力，主要表现在以下方面。一是资源相对丰富。《新疆维吾尔自治区煤炭工业发展“十三五”规划》显示：全疆大于10兆瓦以上的河流理论水能蕴藏量3817.87万千瓦，占全国资源总量的5.6%，仅次于西藏、四川、云南，位居全国第四位，技术可开发量约1656.49万千瓦，年发电量为712.6亿千瓦时；经济可开发量为1567.05万千瓦，年发电量682.8亿千瓦时（表2-2）。二是分布相对集中。新疆水能资源呈现出南疆丰富、北疆集中的特征，主要分布区域为伊犁河、叶尔羌河、额尔齐斯河、和田河、喀什噶尔河、阿克苏河、开都河、渭干河和玛纳斯河等九大流域（表2-3）。九大流域水能理论蕴藏量约为3200万千瓦，约占全区总量的83.8%，理论资源量最大的河流是伊犁河，总蕴藏量为905.74万千瓦。三是水能与水资源分布基本一致。虽然新疆河流数目众多，但其年径流量大于10亿立方米的河流仅18条（占全疆河流数的3%），这18条河的年径流总量为531.6亿立方米，占全疆地表径流总量的67.9%，水能理论蕴藏量占全疆的81.8%，可装机容量占全疆的97.1%，年可发电量占全疆的98.1%。四是水量较为稳定。新疆河流主要发源于阿尔泰山、天山、昆仑山三大山脉，水源来自高山融雪补给及降水，水量较为稳定。

表2-2　新疆水能资源量

类别	理论蕴藏量/兆瓦	技术可开发量/兆瓦	年发电量/亿千瓦时	经济可开发量/兆瓦	年发电量/亿千瓦时
全疆	38 178.7	16 564.9	712.6	15 670.5	682.8
年径流≥10亿立方米	21 396.3	14 847.4	646.9	14 847.4	646.9
年径流1亿～10亿立方米	13 672.2	1 500.0	60.0		
年径流≤1亿立方米	3 110.2	217.5	5.7	823.1	35.9

表2-3　新疆九大流域的理论蕴藏量和可开发水能资源表

序号	河名	理论蕴藏量/兆瓦	可开发水能资源		
			电站个数/座	装机容量/兆瓦	年发电量/亿千瓦时
1	额尔齐斯河	4 725.2	39	2 246.0	92.93
2	玛纳斯河	685.6	16	390.0	13.63
3	伊犁河	9 057.4	54	3 422.0	136.77
4	开都河	1 761.2	10	1 520.0	68.40
5	渭干河	1 110.9	13	471.5	20.31
6	阿克苏河	2 419.1	22	1 345.9	77.30
7	喀什噶尔河	2 725.9	15	1 176.5	48.47
8	叶尔羌河	6 175.7	25	4 236.2	163.70

续表

序号	河名	理论蕴藏量/兆瓦	可开发水能资源		
			电站个数/座	装机容量/兆瓦	年发电量/亿千瓦时
9	和田河	3 338.8	16	1 110.2	50.25
以上河流总计		31 999.8	210	15 918.4	671.76
全疆总计		38 178.7			712.59
以上河流占全疆比例		83.8%			94.3%

2. 风能资源

新疆作为我国重要的风电基地，其风能资源具有总量丰富、北丰南贫、开发利用条件优越等典型特征。一是资源极其丰富。2014 年全疆风区总面积 15.45 万平方公里，年平均有效风能密度在 260 千瓦/公顷以上，有效风速时间为 3000 小时，风能资源总储量为 8.9 亿千瓦①，约占全国总量的 20.4%，技术可开发量为 1.2 亿千瓦，位居全国第二位。二是区域分布北丰南贫。新疆可开发利用的风能资源主要集中在九大风区，包括乌鲁木齐达坂城风区、塔城老风口风区、额尔齐斯河河谷风区、十三间房风区、吐鲁番小草湖风区、阿拉山口风区、三塘湖-淖毛湖风区、哈密东南部风区和罗布泊风区（表 2-4）。九大风区只有罗布泊风区位于南疆，其风能资源储量约占 13%，其余 87%左右的风能资源位于北疆。三是风能资源可利用性强。九大风区多处于戈壁滩上，地形平坦，可开发面积大，不用上山、填海，建场条件优越。例如，乌鲁木齐达坂城风区位于东天山和博格达山南麓的谷地，地势比较平坦，多为荒漠、草地和戈壁滩，长约 80 千米，宽约 15～30 千米。中心区域年平均有效风能密度大于 329 瓦/米^2，年有效风速在 6250 小时以上，是建设大型风电场的优越区域。

表 2-4　新疆九大风区风能资源储量

风区名	≥150 瓦/米^{2}的风区面积/公里^2	≥150 瓦/米^{2}风能储量/万千瓦	技术可开发量/万千瓦
乌鲁木齐达坂城风区	1 938.0	524.9	412.0
阿拉山口风区	3 311.4	958.8	752.6
十三间房风区	5 905.0	1 338.9	1 051.8
吐鲁番小草湖风区	981.6	255.0	200.2
塔城老风口风区	4 013.6	1 074.7	843.6
额尔齐斯河河谷风区	4 276.2	809.1	635.1

① 资料来源：《新疆能源年度报告（2014）》。

续表

风区名	≥150 瓦/米^{2}的风区面积/公里^2	≥150 瓦/米^{2}风能储量/万千瓦	技术可开发量/万千瓦
三塘湖-淖毛湖风区	34 007.0	6 238.7	4 897.4
哈密东南部风区	11 657.0	2 040.0	1 601.4
罗布泊风区	11 708.2	2 048.9	1 608.4
合计	77 798.0	15 289.0	12 002.5

3. 太阳能资源

新疆太阳能资源具有资源丰富、分布集中、可利用性强等典型特征。一是资源丰富。新疆太阳能资源丰富，年日照时间长，全区平均日照时间可达 2700 小时以上，其中库尔勒、阿克苏、高昌、伊州等地区可达 3000 小时以上。日照百分率为 60%～80%，年太阳辐射总量达 5430～6670 兆焦/米^2，年平均值为 5800 兆焦/米^2，居全国第三位，仅次于西藏、青海。全年日照大于 6 小时的天数为 250～325 天，日照气温高于 10℃的天数普遍在 150 天以上。太阳能资源总储量为 1030 亿千瓦时，考虑建设条件后，理论装机容量为 1.96 亿千瓦。二是区域分布由东南向西北不均匀递减。太阳辐射峰值出现在东疆和南疆东部一带，最低值出现在博州、阿尔泰和天山北麓部分地区，年辐射总量的区域分布大致是由东南向西北不均匀递减（表 2-5）。这主要是由于新疆山体西高东低、南高北低，西来的低层气流很难直入塔里木盆地，多从西部几个缺口入境，在西北部形成比较多的云和降水，使太阳辐射减弱，东南部则云雨少，辐射量增大。东南部太阳能年辐射总量多在 5.8×10^5 焦/厘米^{2}以上，西北部太阳能年辐射总量在 5.2×10^5 焦/厘米^{2}左右。三是资源分布相对集中，可利用性强。新疆太阳能资源最丰富的区域是哈密地区，年辐射量接近 6.6×10^5 焦/厘米^2，主要是由于自西向东的气流到达哈密地区后，受祁连山阻碍分为两股，一股进河西走廊，一股经库鲁克塔克格低山区倒灌塔里木盆地，因此，哈密地区底层气流减弱，高层气流下沉，空气中水分少，晴天多，总体太阳辐射量增大，年直射辐射分量为 4.5×10^5 焦/厘米^2。

表 2-5　新疆太阳能资源主要分布区

区域名称	年辐射量/（兆焦/米^2）
东疆东部	大于 6000
天山南麓	5800～6000
天山北麓	5400～5800
北疆中部、北部	5000～5400

4. 地热能资源

新疆地热能资源丰富，但埋藏较深，为开发利用带来一定阻碍。一是资源相对丰富。新疆自然资源厅的调查评价成果显示：全疆地热水天然流量约 26 153.28 米 ^{3}/日，地热能 2.76×10^{11} 兆焦/年，相当于 1.57×10^7 吨标准煤的发热量。2011 年已确定地热点 67 处、地热异常点 14 处，主要分布在全疆 11 个地州市的 27 个县（市）；圈定地热潜力区 17 处，具有较好的应用前景①。二是分布较为集中。新疆地热资源主要分布在阿尔泰山红山嘴-可可托海、天山北麓温泉县-乌鲁木齐、西天山伊犁谷地、南天山乌恰-拜城及塔什库尔干县等区域。其中，地热资源分布相对集中的县主要为阿勒泰地区的富蕴县、福海县，伊犁的尼勒克县，博州的温泉县，克州的阿克陶县和喀什地区的塔什库尔干县。按热量进行划分，地热资源热能较大的区域主要为塔什库尔干县一带，井口温度最高为 146°C，该处也是新疆境内大地热流值最高的区域，大地热流值大于 12 万千瓦/米 ^{2}；其次为阿克陶县的地热资源、伊犁谷地的地热资源、五彩湾一带、天山北麓等区域，大地热流值一般在 5 万～7 万千瓦/米 ^{2}。全疆大地热流值平均值在 4 万～5 万千瓦/米 ^{2}。三是开发难度较大。新疆 80%以上的温泉分布在基岩裸露、裂隙发育、切割强烈的中高山和中低山区。随地形高度的降低，温泉数量逐渐减少，水温也逐渐降低，对地热资源的勘探和开发利用构成了不利条件。

5. 生物质资源

作为传统的农牧区，新疆蕴含着丰富的生物质资源，包括农作物秸秆、畜禽粪便、能源作物、工业有机废水、城市生活污水和垃圾等，整体具有资源丰富、分布集中、西多东少的特征。一是资源较为丰富。根据《新疆统计年鉴 2018》中的相关数据进行估算，2017 年全疆农业废弃物资源量约 3910 万吨标准煤，约占全国总量的 10%。其中农作物秸秆资源为 4631 万吨，折合标准煤 2379 万吨；畜禽粪便资源量 3010 万吨，折合标准煤 1531 万吨（图 2-4）。此外，在乌鲁木齐、库尔勒、喀什等城市每年还约有 340 万吨的清运生活垃圾，约折合 103 万吨标准煤。能源作物种植面积约 300 公顷，可满足年产生 750 吨生物液体燃料的原料需求。二是总量相对平稳，缓慢增长。2013～2017 年，全疆秸秆、农业废弃物等生物质资源量呈现缓慢增长趋势，年均增长速率约为 2.31%，与全国平均水平基本一致。三是资源分布相对集中，西多东少。由图 2-5 可见，全疆 60%的农作物秸秆和禽畜粪便资源量分布在伊犁、喀什、塔城和阿克苏等 4 个区域，年资源量均在 500 万

① 新疆地矿局第二水文工程地质大队：《新疆维吾尔自治区天然矿泉水资源调查与评价报告》，2011 年。

吨标准煤以上。其次为昌吉回族自治州、巴音郭楞蒙古自治州、和田地区、阿勒泰地区及博尔塔拉蒙古自治州等区域，年资源量在 100 万～500 万吨标准煤，而哈密、吐鲁番等地由于降水量少，农牧业不发达，农业废弃物资源量相对较低。在农作物秸秆和禽畜粪便资源优势区域上也略有差别，伊犁、喀什、塔城、阿克苏 4 个地区秸秆和禽畜粪便资源均十分丰富，分别占全区总量的 65%和 49%，均属于秸秆优势区域。昌吉回族自治州年秸秆资源量超过 150 多万吨标准煤，占全区总量的 10.7%左右，而禽畜粪便资源在总量中的比重仅约 5%左右，因此该区域秸秆资源的优势更为显著。在阿勒泰地区，秸秆资源量占全疆总量的 4.9%左右，而禽畜粪便资源在全疆资源总量中的占比可达 7.7%。因此相对而言，该区域禽畜粪便资源的优势更为明显。

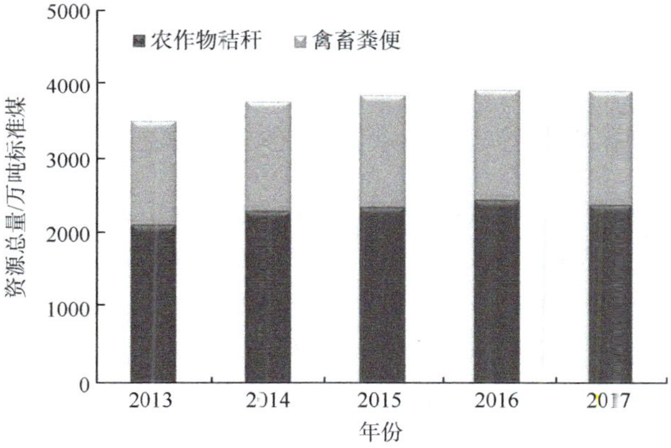

图 2-4　新疆生物质资源量变化情况

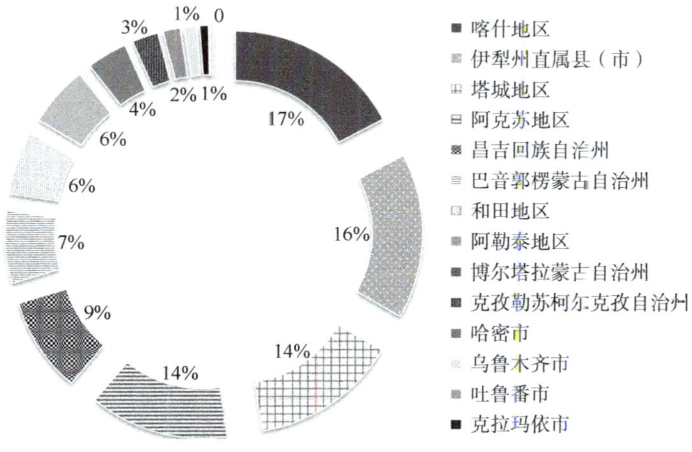

图 2-5　新疆生物质资源区域分布（2017 年）

二、存在的主要问题

（一）能源资源勘探程度不足

新疆境内能源资源异常丰富，但由于自然地理和历史原因，基础设施条件相对落后，导致目前资源勘探相对滞后，资源家底不清。2017 年，全区煤炭、石油、天然气资源探明率分别为 22.3%、26%和 13.1%，均低于全国平均水平（30%、30%和 14%）。加强化石能源资源勘查，提高资源探明率，是新疆能源产业发展的重要问题之一。一是需要针对主要成矿区重要成矿带加强勘察评价工作；二是要加强多种资源的综合勘察开采。例如，加强油气综合勘察与开发利用，做到油气并举；在常规油气资源勘察的同时，加强低渗透、超低渗透品位油气的开发，实现常规油气和非常规油气的协同勘察；加强煤炭和煤层气的综合勘探开发、油气和非油气资源的综合开发等。

（二）能源资源与水资源分布整体不匹配

新疆地区化石能源资源与水资源的分布均相对集中，但呈现出显著的不匹配问题，即化石资源丰富的地区，水资源相对短缺。例如，可占全区化石能源资源理论储量 32%左右的吐哈地区，其地表水资源量不足全区总量的 2%；即使在准噶尔盆地，能源资源可占全区总量的33%左右，但地表水资源不足全区总量的15%。同时，多数化石能源资源区生态环境脆弱，矿井多位于荒漠地区，生产及生活用水均由管道长距离输送，矿井的用水成本很高。如果不能合理、高效地采取节水、水权置换、调水等措施，新疆化石能源资源的开发利用将极大受限。

第二节　能源生产现状[①]

一、概况

新疆是我国重要的能源生产基地。新疆能源生产总量保持稳定增长势头，能源生产总量由 2013 年的 18 943 万吨标准煤增加到 2017 年的 21 538 万吨标准煤，年均增加 3.3%（图 2-6）。2017 年新疆能源生产总量居全国第 4 位，仅次于内蒙古、山西和陕西[②]。除原油外，原煤、天然气和一次电力（可再生能源电力[①]）产

---

① 资料来源：《新疆统计年鉴》（2014～2019 年）和《中国统计年鉴》（2014～2019 年）。

② 资料来源：《中国能源统计年鉴 2018》。

量都呈上升趋势，其中可再生能源发电量增长最快。新疆能源生产总量占全国比重相对稳定，约占全国生产总量的1/20（表2-6）。

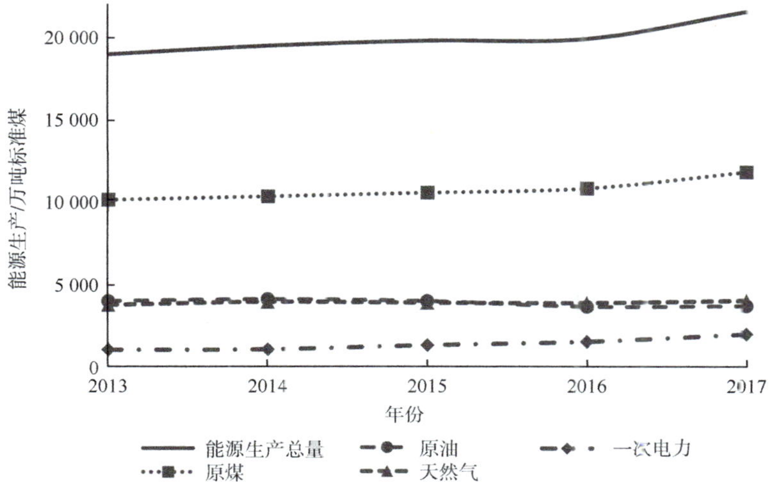

图2-6　2013～2017年新疆能源生产总量

表2-6　2013～2017年新疆能源生产总量及全国占比

项目	2013年	2014年	2015年	2016年	2017年
总量/万吨标准煤	18 943	19 473	19 780	19 901	21 538
全国占比	5.3%	5.4%	5.5%	5.8%	6.0%

从全区范围看，原煤产量占全区能源生产总量的比例相对稳定，保持在53%～55%，占主导地位；原油产量占比呈下降趋势，从2013年的21.1%下降至2017年的17.2%；天然气产量占比相对稳定，保持在18%～20%；一次电力发电量占比呈明显上升趋势，从2013年的5.6%上升至2017年的9.3%，但仍然只相当于原油和天然气产量占比的一半左右（图2-7）。

从全国范围看，原煤产量和一次电力发电量分别占全国同类能源生产量的3%～5%和2%～3%；原油产量全国占比为12%～14%；天然气产量占比呈缓慢下降趋势，由2013年的23.9%下降至2017年的20.8%，但仍占全国1/5以上（图2-8）。

① 一次电力包括核电、水电、风电及太阳能发电等，新疆的一次电力主要包括水电、风电和太阳能发电，因此称之为可再生能源电力。

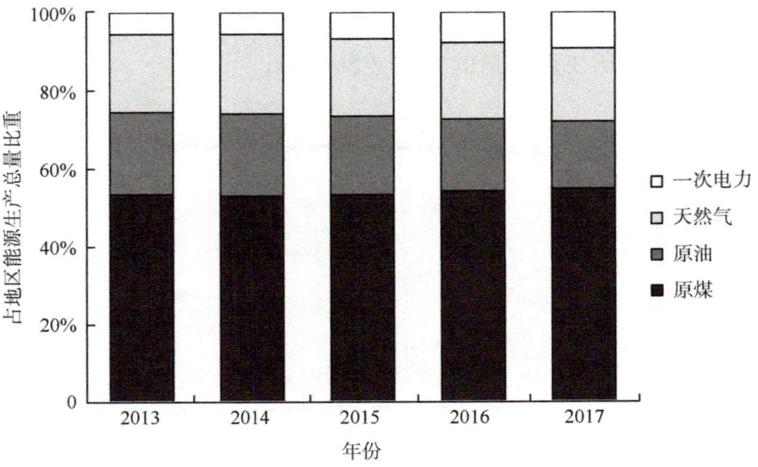

图 2-7　2013～2017 年新疆能源生产结构

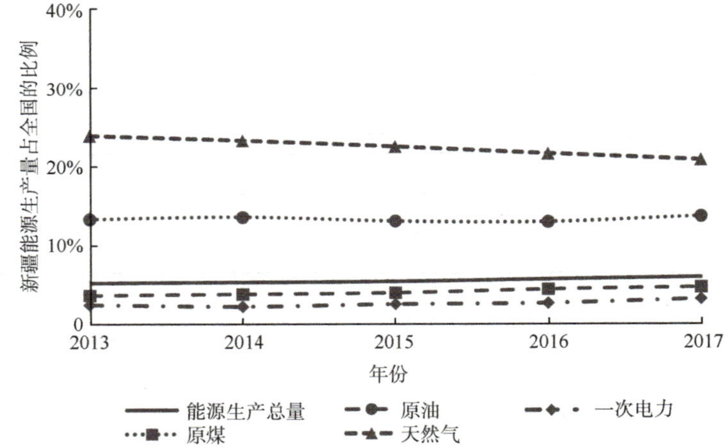

图 2-8　2013～2017 年新疆各类能源生产量的全国占比

二、煤炭生产

新疆是我国 14 个亿吨级大型煤炭基地之一。原煤生产总量由 2013 年的 10 116 万吨标准煤增加到 2017 年的 11 803 万吨标准煤，年均增长 3.9%（表 2-7）；近年来煤炭产量稳居全国前 6 位；2017 年名列全国第 4 位，仅次于内蒙古、山西和陕西；2017 年原煤生产量占全国的 4.7%。

表 2-7　2013～2017 年新疆煤炭生产情况

项目	2013 年	2014 年	2015 年	2016 年	2017 年
原煤/万吨	14 204	14 520	15 221	16 073	17 782

续表

项目	2013 年	2014 年	2015 年	2016 年	2017 年
原煤/万吨标准煤	10 116	10 321	10 543	10 806	11 803
全国排名		6	5	5	4

近年来，新疆积极实施优势资源转换战略，吸引大企业落户准东、哈密、伊犁等煤炭基地，建设大型煤炭煤电煤化工项目，煤炭工业实力不断增强，成为继油气产业之后新疆的又一大支柱产业。2017 年，新疆 5 个地州（准东地区的昌吉回族自治州、哈密市、吐鲁番市、伊犁哈萨克自治州和阿克苏地区）年煤炭产量达到千万吨以上，共 1.59 亿吨，占全区的 90%，其中东疆准东地区和吐哈两个地区的煤炭产量超过全区 2/3（图 2-9）。煤炭产业结构优化成效显著，推动煤炭工业和安全生产高质量发展。

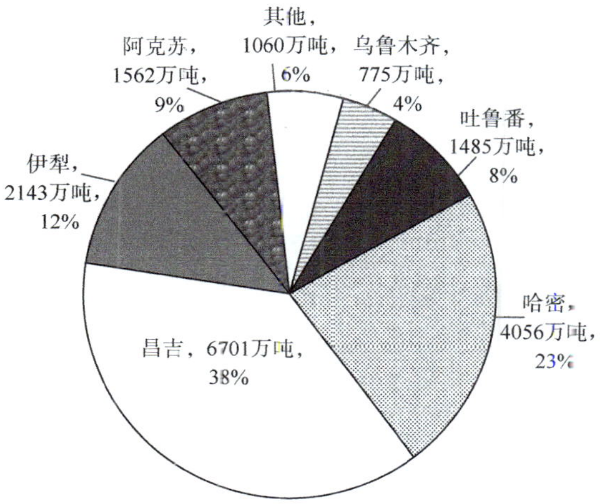

图 2-9　2017 年新疆煤炭生产布局

新疆制定了多个相关配套政策文件，从制度上保障和促进煤炭去产能工作的实施。2017 年，新疆把淘汰退出年产能 30 万吨以下的小煤矿，作为化解煤炭过剩产能、调整煤炭产业结构、煤矿安全治本的重大举措①。2017 年，淘汰煤矿 114 处，煤炭去产能 1163 万吨②。到 2017 年底，有生产煤矿 62 处，产能 6476 万吨/年③，主要分布在昌吉回族自治州、吐鲁番市和阿克苏地区。

① 资料来源：《关于印发自治区淘汰退出煤矿 30 万吨/年以下小煤矿工作方案的通知》。

② 《新疆完成今年煤炭去产能任务》，http://www.xinhuanet.com//finance/2017-12/04/c_1122054305.htm，(2017-12-04) [2020-12-02]。

③ 资料来源：《新疆维吾尔自治区建设煤矿和生产煤矿产能情况公告》。

三、石油生产

新疆是我国重要的石油生产基地。原油生产总量由2013年的2792万吨下降至2017年的2592万吨(表2-8);原油产量稳居全国第4位;2017年仅次于陕西、黑龙江和天津;2017年原油生产量占全国的13.6%。

表2-8　2013～2017年新疆石油生产情况

项目	2013年	2014年	2015年	2016年	2017年
原油/万吨	2792	2875	2795	2565	2592
原油/万吨标准煤	3997	4109	3996	3662	3704
全国排名	4	4	4	4	4

至2017年底,新疆原油产量达到500万吨以上的地州有3个,分别是克拉玛依市、乌鲁木齐市和巴音郭楞蒙古自治州,共2281万吨,占全区的88%(图2-10)。

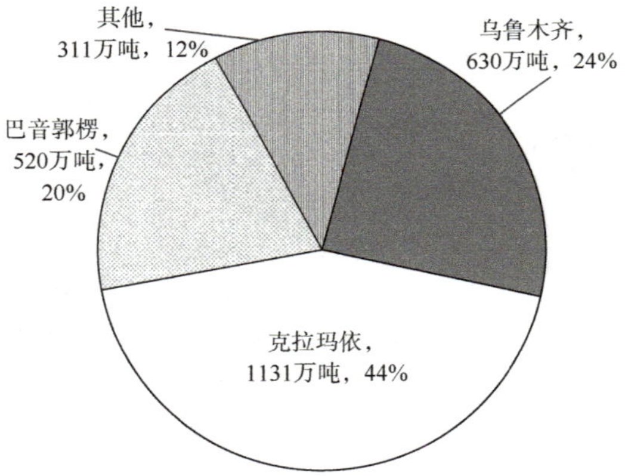

图2-10　2017年新疆石油生产布局

新疆炼油产量整体呈现稳中有升态势(表2-9)。在主要成品油中,汽油和煤油生产总量都持续增长,柴油生产总量及其全国占比均呈现出先升后降态势,燃料油总体变化不大。新疆炼油能力在全国居中上游位置,以2017年为例,其汽油产量居全国第10位,煤油产量居全国第14位,柴油产量居全国第4位,燃料油产量居全国第8位①。

① 资料来源:《中国能源统计年鉴2018》。

表 2-9　2013～2017 年新疆成品油产量（单位：万吨）

项目	2013 年	2014 年	2015 年	2016 年	2017 年
汽油	277	321	324	356	392
煤油	63	65	72	79	84
柴油	1063	1213	1050	949	916
燃料油	47	47	45	45	53

四、天然气生产

新疆是我国重要的天然气生产基地。天然气生产总量由 2013 年的 3770 万吨标准煤增加到 2017 年的 4028 万吨标准煤（表 2-10），年均增加 1.7%；天然气生产稳居全国前 3 位；2017 年仅次于陕西和四川；2017 年天然气生产量占全国的 20.8%。

表 2-10　2013～2017 年新疆天然气生产情况

项目	2013 年	2014 年	2015 年	2016 年	2017 年
天然气/亿米^3	283	297	293	291	307
天然气/万吨标准煤	3770	3953	3897	3881	4028
全国排名	2	2	2	3	3

截至 2017 年底，新疆天然气产量达到 30 亿立方米以上的地州有 2 个，分别是巴音郭楞蒙古自治州和克拉玛依市，约 284 亿立方米，占全区的 93%，其中巴音郭楞蒙古自治州占 82%（图 2-11）。

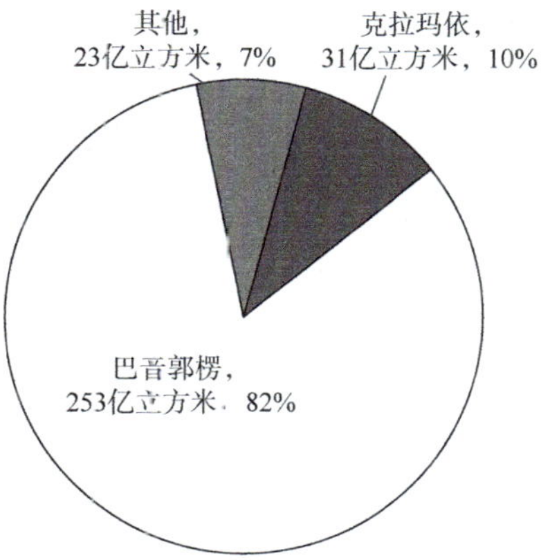

图 2-11　2017 年新疆天然气生产布局

因四舍五入，占比合计不等于 100%

五、电力生产

新疆是我国重要的电力生产基地。电力包括火电和可再生能源电力（表 2-11）。

电力生产总量由 2013 年的 1668 亿千瓦时增加到 2017 年的 3011 亿千瓦时，年均增长 15.9%；在全国排名呈上升趋势，2017 年居全国第 7 位，发电量占全国 4.6%。其中，火电发电量年均增长 14.9%；火电在地区发电总量中的占比略有下降，但保持在 3/4 以上；2017 年火电发电量居全国第 9 位，占全国 5.1%。

表 2-11　2013～2017 年新疆电力生产

项目			2013 年	2014 年	2015 年	2016 年	2017 年
电力	发电量/亿千瓦时		1668	2100	2479	2719	3011
	发电量全国排名		15	12	9	7	7
火电	占地区电力总量比例		81.4%	84.2%	83.1%	81.6%	78.7%
	发电量全国排名		11	10	9	9	9
可再生能源电力	占地区电力总量比例		18.6%	15.8%	16.9%	18.4%	21.3%
	水电	发电量/亿千瓦时	207	161	209	225	244
		占地区电力总量比例	12.4%	7.7%	8.4%	8.3%	8.1%
		发电量全国排名	11	13	13	13	12
	风电	发电量/亿千瓦时	96	127	148	197	289
		占地区电力总量比例	5.8%	6.1%	6.0%	7.2%	9.6%
		发电量全国排名	5	3	3	3	2
	太阳能发电	发电量/亿千瓦时	6	42	59	78	110
		占地区电力总量比例	0.4%	2.0%	2.4%	2.9%	3.7%
		发电量全国排名			1	3	3
	其他	发电量/亿千瓦时	1	2	2	0	0

资料来源：《中国能源统计年鉴》（2014～2018 年）

可再生能源发电量年均增长 20.0%，2017 年可再生能源发电量占地区发电总量的 21.3%。水电、风电和太阳能发电都有不同程度的增长，其中太阳能发电增幅最大，风电次之，水电略有增长。2017 年水电发电量 244 亿千瓦时，比 2013 年增长 17.9%，年均增长 4.2%；2017 年风电发电量为 289 亿千瓦时，比 2013 年增长 2 倍多，年均增长 31.7%；2017 年太阳能发电量为 110 亿千瓦时，比 2013 年增长 17 倍多，年均增长 106.9%。以 2017 年为例，可再生能源发电量占全国同类发电量的 3.2%；水电发电量居全国第 12 位，占全国同类发电量的 2.0%；风电发电量居全国第 2 位，仅次于内蒙古，占全国同类发电量的 9.8%；太阳能发电量居全国第 3 位，仅次于内蒙古和青海，占全国同类发电量的 11.3%。

截至 2017 年底，新疆发电量达到 400 亿千瓦时以上的地州有 3 个，分别是昌吉回族自治州、新疆生产建设兵团和哈密市，共 2004 亿千瓦时，占全区的 2/3（图 2-12）。

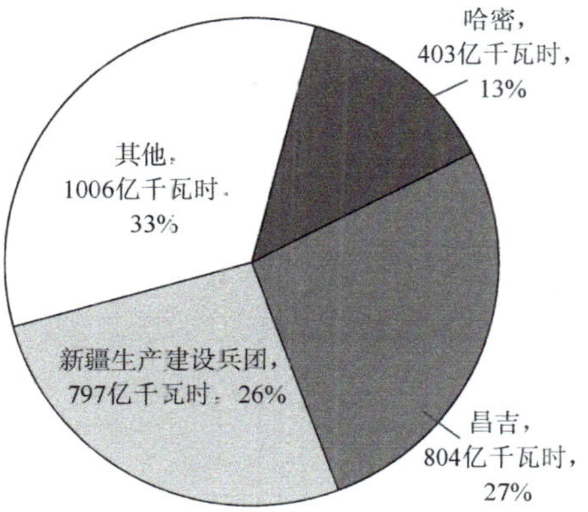

图 2-12 2017 年新疆电力布局

因四舍五入，图中发电量合计与表 2-11 中略有误差，各项占比合计不等于 100%

新疆可再生能源电力装机容量占装机总容量的比例从2013年的30.9%增加到2017年的41.3%（表 2-12）。2017 年，新疆电网联网运行发电装机容量 8249 万千瓦，其中可再生能源电力装机容量 3405 万千瓦。在可再生能源电力中，风电装机容量 1835 万千瓦，占装机总容量的 22.2%；太阳能发电装机容量 908 万千瓦，占装机总容量的 11.0%；水电装机容量 662 万千瓦，占装机总容量的 8.0%；风电、太阳能发电装机容量均居全国第 2 位①。

表 2-12 2013～2017 年新疆可再生能源电力装机容量

项目	2013 年	2014 年	2015 年	2016 年	2017 年
电网联网运行发电总计/万千瓦	4254	5464	6992	8109	8249
可再生能源电力装机容量占装机总容量的比例	30.9%	30.6%	40.0%	41.1%	41.3%
风电装机容量占装机总容量的比例	12.2%	14.2%	24.2%	21.9%	22.2%
水电装机容量占装机总容量的比例	12.2%	10.5%	8.2%	8.2%	8.0%
太阳能发电装机容量占装机总容量的比例	6.5%	6.0%	7.6%	11.0%	11.0%

第三节 能源消费现状②

一、概况

新疆能源消费总量呈现出稳步增长态势（图 2-13）。2017 年能源消费总量约

① 《2018 年自治区政府工作报告》，http://www.xinjiang.gov.cn/xinjiang/zjjh/201801/83ec45dd9c504f9fa51152072b4f9f73.shtml，（2018-01-29）[2020-12-02]。

② 资料来源：《新疆统计年鉴》（2014～2019 年）和《中国统计年鉴》（2014～2018 年）。

为 1.74 亿吨标准煤，比 2013 年增加 27.6%，年均增加 6.3%。煤炭、石油和一次电力的消费量都呈上升趋势，其中一次电力的消费量增长最快；只有天然气消费量呈下降趋势。

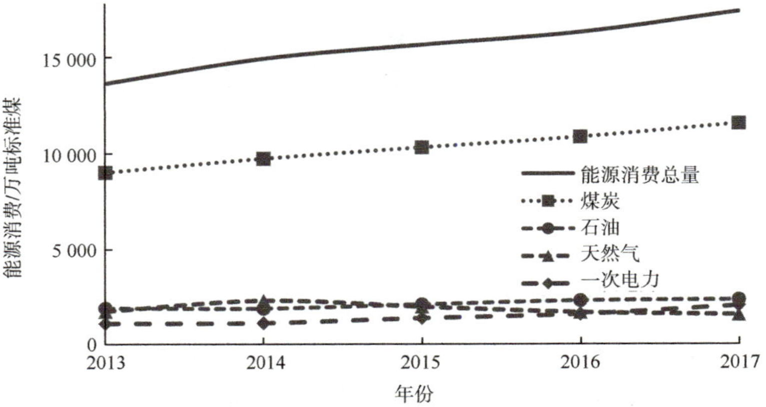

图 2-13　2013～2017 年新疆能源消费量

从全区范围看，煤炭和石油消费量占全区能源消费总量的比例相对稳定，分别保持在 65%～67%和 13%～14%，煤炭消费在能源消费中占绝对主导地位（图 2-14）。天然气消费量占比波动较大。一次电力消费量占比呈明显上升趋势，由 2013 年的 7.8%提高至 2017 年的 11.5%，首次超过天然气消费量占比。

图 2-14　2013～2017 年新疆能源消费结构

从全国范围看，新疆能源消费总量占比相对稳定（图 2-15），约占全国总消费量的 1/25，2017 年居全国第 11 位。煤炭、石油和一次电力消费量变化不大，分别约占全国同类能源消费总量 3%～4%、2%～3%和 2%～3%。天然气消费量占比波动较大，由 2013 年的 8%先上升到 2014 年的 9%，然后下降至 2017 年的 5%。

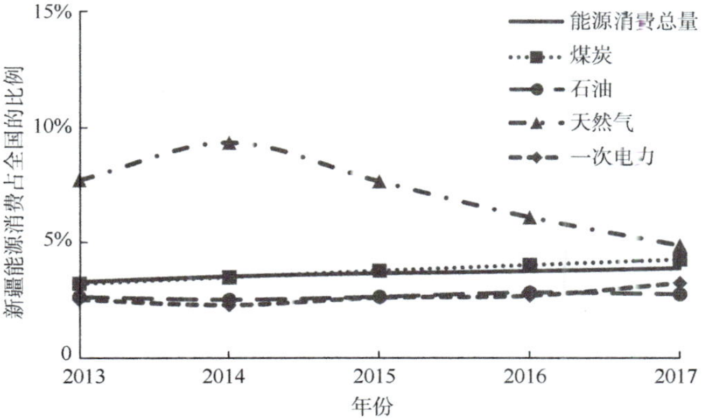

图 2-15　2013～2017 年新疆各类能源消费量的全国占比

二、煤炭消费

新疆煤炭消费量呈现出稳步增长态势，从 2013 年的 8997 万吨标准煤增加到 2017 年的 11 548 万吨标准煤，年均增长 6.4%（表 2-13）。2017 年煤炭消费量居全国第 7 位。工业煤炭消费占绝对主导地位，在煤炭消费总量中占比为 95%～97%。

表 2-13　2013～2017 年新疆煤炭消费情况

项目	2013 年	2014 年	2015 年	2016 年	2017 年
煤炭/万吨标准煤	8 997	9 717	10 298	10 841	11 548
煤炭/万吨	14 206	16 088	17 359	18 985	20 370
工业煤炭消费量占比	96.2%	96.7%	96.5%	95.0%	95.2%

三、石油消费

新疆石油消费呈现稳步上升趋势，由 2013 年的 1868 万吨标准煤增加到 2017 年的 2313 万吨标准煤，年均增长 5.5%（表 2-14）；2017 年石油消费量居全国第 6 位。工业及交通运输和邮政通信业的石油消费量占比均超过 30%，这两个行业合计超过 70%。

表 2-14　2013～2017 年新疆石油消费情况

项目	2013 年	2014 年	2015 年	2016 年	2017 年
石油/万吨标准煤	1868	1851	2066	2266	2313
石油/万吨	1271	1270	1423	1582	1602
工业石油消费量占比	40.3%	38.3%	36.2%	38.1%	35.8%

续表

项目	2013 年	2014 年	2015 年	2016 年	2017 年
交通运输和邮政通信业石油消费量占比	32.6%	33.9%	35.8%	34.1%	36.7%

四、天然气消费

新疆天然气消费总量及其全国占比均呈现出先增后降、整体下降趋势，天然气消费总量由 2013 年的 127 亿立方米下降到 2017 年的 125 亿立方米（表 2-15）；2017 年天然气消费量居全国第 6 位。

表 2-15　2013～2017 年新疆天然气消费情况

项目	2013 年	2014 年	2015 年	2016 年	2017 年
天然气/万吨标准煤	1704	2269	1941	1647	1530
天然气/亿米^3	127	170	146	132	125

五、电力消费

新疆电力消费总量由 2013 年的 1603 亿千瓦时增加到 2017 年的 2576 亿千瓦时，年均增长 12.6%；2017 年电力消费量占全国电力消费总量的 4.0%，居全国第 8 位，其中，可再生能源消费量从 2013 年的 1063 万吨标准煤增加到 2017 年 2000 万吨标准煤，年均增长 17.1%。2013～2017 年新疆工业电力消费量均超过 80%（表 2-16）。

表 2-16　2013～2017 年新疆电力消费情况

项目	2013 年	2014 年	2015 年	2016 年	2017 年
电力消费量/亿千瓦时	1603	1916	2191	2363	2576
可再生能源消费量/万吨标准煤	1063	1090	1346	1549	2000
工业电力消费量占比	81.8%	82.9%	83.9%	85.6%	85.5%

六、能源外送①

新疆是我国重要的能源供给基地。能源净调出量②占能源生产总量的比例保持在 60%左右（表 2-17）。其中，煤炭外送量占煤炭生产量的比例由 2013 年的 20.0%

① 此处的能源外送是指新疆能源调出到其他省份，不包含能源出口。

② 能源净调出量=（从本省到外省）能源调出量-（从外省到本省）能源调入量，新疆各类能源的调入量均为 0。

下降至 2017 年的 8.9%；石油外送量占石油生产量的比例保持在 83%以上；电力外送量占电力生产量的比例由 2013 年的 3.9%逐年提高到 2017 年的 14.6%。

表 2-17　2013～2017 年新疆能源外送情况

年份	能源净调出量占能源生产总量比例	煤炭外送量占煤炭生产量比例	石油外送量占石油生产量比例	电力外送量占电力生产量比例
2013	65.7%	20.0%	92.9%	3.9%
2014	66.5%	13.4%	107.7%	8.4%
2015	58.9%	11.9%	90.9%	11.6%
2016	65.6%	6.8%	91.9%	13.3%
2017	63.0%	8.9%	83.5%	14.6%

截至 2017 年底，新疆已建成“两交一直”电力外送通道，分别为 750 千伏电网与西北电网联网第一、第二通道，哈密南—郑州±800 千伏特高压直流外送通道，“疆电外送”能力达到 1300 万千瓦。2017 年，可再生能源电力外送量 161 亿千瓦时，占可再生能源发电量的 25.1%，占“疆电外送”总电量的 36.6%。

第四节　能源生产与消费特征①

一、能源生产总量大于能源消费总量

新疆能源生产总量比能源消费总量高 22%～39%。其中，煤炭生产量比消费量高 0～12%；石油生产量比消费量高 60%～122%；天然气生产量比消费量高 74%～163%；可再生能源电力生产量与消费量基本持平；电力生产量比消费量高 4%～17%（表 2-18）。

表 2-18　2013～2017 年新疆能源生产与消费比较

年份	生产量/消费量					
	总量	煤炭	石油	天然气	可再生能源电力	电力
2013	1.39	1.12	2.14	2.21	1.00	1.04
2014	1.30	1.06	2.22	1.74	1.00	1.09
2015	1.26	1.02	1.93	2.01	1.00	1.13
2016	1.22	1.00	1.62	2.36	1.00	1.15
2017	1.24	1.02	1.60	2.63	1.00	1.17

① 资料来源：《新疆统计年鉴》（2014～2018 年）和《中国统计年鉴》（2014～2018 年）。

二、煤炭生产与消费占主导地位

新疆能源生产和消费结构中，煤炭均占主导地位。煤炭生产量占地区能源生产总量的 53%～55%，煤炭消费量占地区消费总量的 65%～67%。

三、工业能源消费在行业能源消费中占主导地位

新疆工业能源消费量在能源消费总量中占比过大且居高不下，均超过 70%（表 2-19）。

表 2-19　2013～2017 年新疆行业能源消费占比

行业	2013 年	2014 年	2015 年	2016 年	2017 年
农、林、牧、渔、水利业	4.5%	4.6%	4.5%	4.4%	4.1%
工业	75.2%	76.8%	75.2%	73.4%	73.9%
建筑业	1.0%	1.0%	1.0%	1.2%	1.2%
交通运输和邮政通信业	7.2%	5.7%	6.5%	6.5%	6.5%
商业、饮食、物资供销和仓储业	1.7%	1.7%	1.9%	2.7%	2.6%
其他	2.1%	2.1%	2.4%	3.1%	3.1%
生活消费	8.4%	8.1%	8.5%	8.7%	8.7%

注：因四舍五入，占比合计可能不等于 100%

第五节　能源产业发展存在的问题

一、能源消费结构不合理

煤炭消费在新疆能源消费中占主导地位，占比为 65%～67%，可再生能源消费占比较低，仅为 7%～12%。从发展趋势看，在未来很长一段时间内，煤炭将继续作为新疆经济发展的支柱能源，但是煤炭利用方式粗放、污染重、能效低等问题尚未得到根本解决。

二、能源利用效率较低

单位地区生产总值能耗是反映能源消费水平和节能降耗状况的主要指标。2013～2018 年，新疆单位地区生产总值能源（或电力）消费量均远高于全国平均水平，说明新疆能源利用效率较低。以 2018 年为例，新疆单位地区生产总值能源消费量为 1.59 吨标准煤/万元，是全国平均水平的 2.5 倍；单位地区生产总值电力消费量为 0.26 万千瓦时/万元，是全国平均水平的 3 倍多（表 2-20）。

表 2-20 2013～2018 年新疆能源利用效率

年份	单位地区生产总值能源消费量/（吨标准煤/万元）		单位地区生产总值电力消费量/（万千瓦时/万元）		能源消费弹性系数		电力消费弹性系数	
	新疆	全国	新疆	全国	新疆	全国	新疆	全国
2013	1.80	0.79	0.21	0.10	1.88	0.23	3.56	1.14
2014	1.79	0.75	0.23	0.10	0.95	0.12	1.96	0.55
2015	1.73	0.71	0.24	0.10	0.56	0.14	1.81	0.42
2016	1.67	0.68	0.24	0.10	0.55	0.21	1.03	0.84
2017	1.66	0.65	0.25	0.09	0.88	0.53	1.18	0.84
2018	1.59	0.63	0.26	0.08		0.76		1.17

能源消费弹性系数是研究能源消费增长速度与国民经济增长速度之间关系的指标。2013～2017 年，新疆能源（或电力）消费弹性系数均远高于全国平均水平，说明新疆能源利用效率较低。以 2017 年为例，新疆能源消费弹性系数为 0.88，高于全国平均水平（0.53）；新疆电力消费弹性系数为 1.18，也高于全国平均水平（0.84）。

三、当地可再生能源消纳能力不足

近年来，新疆弃风率和弃光率呈下降趋势，总体上均高于全国平均水平（表 2-21）。弃风率由 2016 年的 38%下降至 2019 年的 14%，但仍比全国平均水平高出 10 个百分点。弃光率由 2016 年的 32%下降至 2019 年的 7%，但仍比全国平均水平高出 5 个百分点。

表 2-21 2013～2019 年新疆和全国的弃风率和弃光率①

年份	弃风率		弃光率	
	新疆	全国	新疆	全国
2013	5%	11%		
2014	15%	8%		
2015	32%	15%	26%	13%
2016	38%	17%	32%	10%
2017	29%	12%	22%	6%
2018	23%	7%	16%	3%
2019	14%	4%	7%	2%

新疆可再生能源电力消纳量由 2015 年的 362 亿千瓦时增加到 2019 年的 631

① 资料来源：新疆维吾尔自治区发展和改革委员会官网、国家能源局官网。

亿千瓦时，增加了 74.3%；非水电可再生能源电力消纳量由 2015 年的 169 亿千瓦时增加到 2019 年的 319 亿千瓦时，增加了 88.8%（表 2-22）。2019 年，新疆可再生能源电力消纳比重为 21.9%，居全国第 19 位；非水电可再生能源电力消纳比重为 11.1%，居全国第 17 位。因此，新疆可再生能源消纳能力明显不足。

表 2-22　2015～2019 年新疆可再生能源电力消纳情况

年份	可再生能源电力			非水电可再生能源电力		
	消纳量/亿千瓦时	消纳比重	消纳比重全国排名	消纳量/亿千瓦时	消纳比重	消纳比重全国排名
2015	362	22.6%	14	169	10.5%	7
2016	410	22.9%	15	199	11.1%	8
2017	521	26.0%	13	263	13.1%	9
2018	574	26.8%	13	315	14.7%	7
2019	631	21.9%	19	319	11.1%	17

资料来源：全国可再生能源电力发展监测评价报告（2015～2019 年）

第三章　新疆能源-经济-环境间的关系研究

在考虑能源、经济和环境三者之间相互促进、相互制约关系的基础上，本章采用适当的数学模型分析新疆能源、经济、环境之间的二元及三元关系，并评价能源-经济-环境（energy-economic-environment，3E）系统的协调度。

第一节　能源与经济的关系

一、总体定性分析

能源与经济社会发展的关系是一种相互影响、相互制约、互相促进的辩证关系。一方面，能源对经济社会发展起着至关重要的作用，这至少表现在两个重要方面：第一，能源是经济社会发展的物质基础和基本保障。能源是国民经济的命脉，没有能源，就没有经济社会的发展；能源发展好的时候，经济社会总是顺应发展，而能源发展不好的时候，经济社会也会陷入发展困境，历史上发生的三次石油危机都伴随着经济危机的发生。第二，能源是推动人类经济社会发展的主要源动力。纵观人类社会发展史，人类社会的每一次飞跃式发展都是能源革命引起的，历史上已经发生的两次工业革命和正在发生的第三次工业革命都是能源革命引领推动的。另一方面，经济社会发展也会促进能源发展，主要表现在：经济发展可以促进能源基础设施建设、推动能源技术进步、壮大能源产业规模、提升能源产业质量等方面。

对新疆而言，能源对其经济社会的发展有着举足轻重的作用。首先，能源工业是新疆工业的支柱。分析近年来新疆能源工业增加值在工业增加值中的占比发现，新疆能源工业增加值的占比很高。2018 年，仅新疆石油、煤炭、电力等部分能源产业占全区规模以上工业增加值比例合计超 55%。其次，能源工业也是新疆整个经济社会发展的支柱性产业。新疆 20 世纪 90 年代到 21 世纪初曾经实施“一黑一白”经济发展战略，其中的“一黑”即石油工业。期间，石油工业的发展带动了整个新疆经济社会的快速发展和经济的高速增长，极大地改善了新疆贫穷落后的面貌。随后的十多年里，新疆能源工业持续发展壮大，带动新疆经济持续壮大并且进入高质量发展的新阶段。未来，新疆能源工业的高质量发展，必将带动新疆经济社会的高质量发展。

二、相关性定量分析

本节选择相关系数来分别考察能源生产与经济、能源消费与经济之间的关系，其中能源生产选取能源生产总量为指标，能源消费选取能源消费总量为指标，经济发展选取地区生产总值（按 2000 年不变价计算）为指标。

两个变量之间的相关系数可通过样本的协方差和标准差计算得到，一般用 r 表示，若 $r>0$，表明两个变量是正相关；若 $r<0$，表明两个变量是负相关。r 的绝对值越大，表明相关性越强。

本章考察的时间尺度为 2000～2017 年，三个指标的原始数据见表 3-1。同时，为了观察能源革命前后能源与经济发展关系的变动，将时间段拆分为 2000～2012 年和 2013～2017 年进行初步的对比分析。

表 3-1　新疆能源生产消费与地区生产总值

年份	地区生产总值/亿元	能源消费总量/万吨标准煤	能源生产总量/万吨标准煤
2000	1 363.6	3 316.0	5 419.8
2001	1 480.8	3 496.4	5 720.0
2002	1 602.3	3 622.4	6 156.1
2003	1 781.7	4 064.4	6 657.4
2004	1 984.8	4 784.8	7 113.0
2005	2 201.2	5 506.5	8 175.7
2006	2 443.3	6 047.3	9 528.7
2007	2 741.4	6 575.9	10 735.8
2008	3 042.9	7 069.4	12 669.1
2009	3 289.4	7 525.6	13 542.3
2010	3 638.1	7 915.2	14 697.0
2011	4 085.6	9 474.5	16 005.1
2012	4 575.8	11 293.7	17 561.9
2013	5 079.2	13 631.8	18 943.2
2014	5 587.1	14 926.1	19 473.2
2015	6 078.8	15 651.2	19 780.0
2016	6 534.7	16 302.0	19 900.5
2017	7 031.3	17 391.7	21 537.5

经 SPSS 相关性分析，结果列于表 3-2。2000～2017 年新疆能源生产、能源消费总量均与地区生产总值高度相关，相关系数 r 分别为 0.986 和 0.991，显著性检验均为 0.000。

表 3-2　能源生产、能源消费与经济的相关系数

项目	2000～2017 年	2000～2012 年	2013～2017 年
能源生产总量	0.986	0.985	0.989
能源消费总量	0.991	0.989	0.945

2000～2012 年和 2013～2017 年时间段内，能源生产与地区生产总值的相关系数 r 分别为 0.985 和 0.989，而能源消费与地区生产总值的相关系数 r 分别为 0.989 和 0.945。在这两个时间段内能源生产与地区生产总值的相关系数几乎不变，而能源消费与地区生产总值的相关系数有所下降。这可能是由于国家能源革命系列政策行动，尤其是在能源消费侧推行的控制消费总量、提升能源效率等措施，逐步解绑了能源消费与地区生产总值之间的关系，但因为能源革命推行时间尚短，该影响仍需观察。

第二节　能源与环境的关系

一、总体定性分析

能源相关活动，特别是化石能源的开采及使用过程，会给环境带来重要影响，包括环境污染（如工业“三废”对大气、水体等的污染，声污染，热污染，放射性污染等）、生态破坏（如森林植被破坏、地下水资源破坏、荒漠化问题等），以及温室气体大量排放带来的应对气候变化问题。

新疆地区以煤炭为主的能源消费结构和较高的能源消费总量，以及煤不充分燃烧释放的大量二氧化硫、二氧化碳和烟尘，造成新疆煤烟型为主的大气污染。据《中国统计年鉴》，2017 年新疆主要大气污染物中，二氧化硫、氮氧化物、烟粉尘分别排放 34.12 万吨、32.74 万吨、45.09 万吨，占据西北五省区（陕西、宁夏、甘肃、青海、新疆）首位。

另外，新疆地区生态环境系统较脆弱，能源相关产业又占比较高，环境容量约束已成为能源相关产业发展的关键制约条件。如何在环境约束下实现新疆能源产业和经济建设的可持续发展，是当前新疆经济发展面临的首要问题。

二、关联度定量分析

环境污染的主要污染物为废水、废气和工业固体废弃物，本节使用废水排放总量（亿吨）、二氧化硫排放总量（万吨）和工业固体废弃物排放量（万吨）这三类主要污染物指标作为衡量环境污染的要素。数据来源于《新疆统计年鉴》，2000～2017 年新疆能源消费总量与污染物排放数据见表 3-3。

表 3-3　新疆能源消费总量与污染物排放表

年份	能源消费总量/万吨标准煤	废水排放总量/亿吨	二氧化硫排放总量/万吨	工业固体废弃物排放量/万吨
2000	3 316.0	1.54	31.05	718.2
2001	3 496.4	1.68	29.99	783.6
2002	3 622.4	1.64	29.61	1 008.5
2003	4 064.4	1.64	32.99	1 087.4
2004	4 784.8	1.93	48.03	1 128.6
2005	5 506.5	2.01	51.92	1 294.8
2006	6 047.3	2.06	54.93	1 581.2
2007	6 575.9	2.10	57.99	2 136.6
2008	7 069.4	2.29	58.54	2 438.2
2009	7 525.6	2.42	51.54	3 206.1
2010	7 915.2	8.37	58.85	3 914.1
2011	9 474.5	9.09	76.31	5 219.1
2012	11 293.7	9.37	79.61	7 884.0
2013	13 631.8	10.07	82.94	9 283.1
2014	14 926.1	10.27	85.30	7 789.7
2015	15 651.2	9.99	77.82	7 263.8
2016	16 302.0	7.49	38.37	7 491.3
2017	17 391.7	7.93	34.12	8 141.8

将以上数据经（0, 1）归一化处理后作图，见图 3-1。从图中可以看出，新疆的能源消费总量在 2000～2017 年持续上升，而三类污染物的排放存在不同程度的波动，表明能源消费活动对这三类不同污染物排放的影响存在差别。

为研究能源消费对环境污染的影响变化趋势，将 2000～2017 年划分为 2000～2009 年和 2010～2017 年两个时间段，并分别计算能源消费与三类污染物排放的关联度。

本节基于灰色关联理论定量考察新疆能源消费与环境污染之间的关系。灰色关联指的是按照各个因素数列的曲线形状态势程度做趋势分析，若两因素数列的

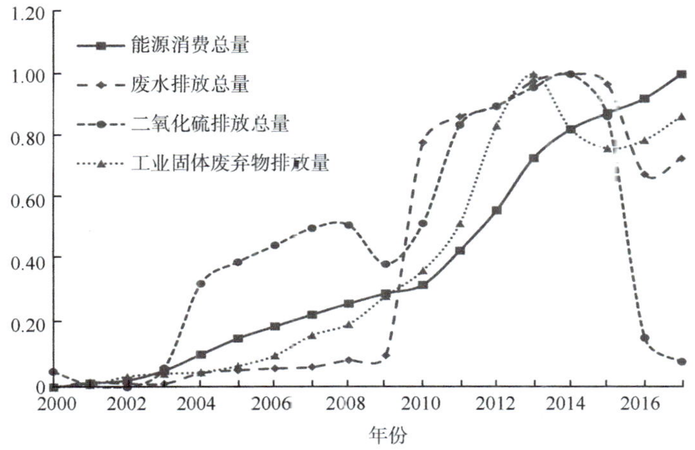

图 3-1　新疆能源消费及三类污染物排放变化趋势

态势一致，则认为两者关联度高；若两因素数列的态势不一致，则认为两者关联度低。灰色关联度分为三种：灰色绝对关联度、灰色相对关联度和灰色综合关联度。通常说的灰色关联度指的是灰色综合关联度。灰色综合关联度计算一般包括确定分析数列、计算差序列、计算关联系数和计算关联度四个步骤。

下面以 2000～2009 年数据为例，计算新疆能源消费对环境污染的影响。计算步骤如下。

步骤一：确定分析数列。

选定能源消费数列为参考数列 $X_0(k)$，废水、二氧化硫和一般工业固体废弃物排放数列为比较数列 $X_1(k)$、$X_2(k)$、$X_3(k)$。

步骤二：原数据标准化后计算差序列（表 3-4）。

表 3-4　差序列表

k 值	年份	$X_0(k)-X_1(k)$	$X_0(k)-X_2(k)$	$X_0(k)-X_3(k)$
1	2000	0.00	−0.05	0.00
2	2001	−0.12	0.03	0.02
3	2002	−0.04	0.07	−0.04
4	2003	0.06	0.06	0.03
5	2004	−0.09	−0.29	0.18
6	2005	−0.01	−0.25	0.29
7	2006	0.06	−0.23	0.30
8	2007	0.14	−0.21	0.20
9	2008	0.04	−0.11	0.20
10	2009	0.00	0.24	0.00

步骤三：计算关联系数（表 3-5）。

$$C_i(k)=\frac{\Delta_{\min}+\eta\Delta_{\max}}{|X_0(k)-X_i(k)|+\eta\Delta_{\max}} \tag{3-1}$$

表 3-5　关联系数序列表

k 值	$C_1(k)$	$C_2(k)$	$C_3(k)$
1	1.0000	0.8985	1.0000
2	0.3759	1.0016	0.9005
3	0.6314	0.8036	0.7736
4	0.5218	0.8497	0.8362
5	0.4262	0.4044	0.4492
6	0.8360	0.4421	0.3420
7	0.5472	0.4712	0.3319
8	0.3365	0.4978	0.4234

步骤四：计算关联度。

由 $r_i=\frac{1}{N}\sum_{i}^{N}C_i(k)$，求得三类污染物排放与能源消费的关联度分别为 r_1=0.6315、r_2=0.6512、r_3=0.6485，均大于 0.6，认为关联度是显著的。运用同样的方法计算 2010～2017 年三类污染物排放与能源消费的关联度，并汇总于表 3-6。

表 3-6　关联度汇总表

时间段	废水排放与能源消费关联度	二氧化硫排放与能源消费关联度	工业固废排放与能源消费关联度
2000～2009 年	0.6315	0.6512	0.6485
2010～2017 年	0.6516	0.5828	0.6581

对三种污染物的灰色关联度排序可知，2000～2009 年，三类污染物排放与能源消费的关联度排序为二氧化硫排放>工业固废排放>废水排放；而 2010～2017 年，排序变为工业固废排放>废水排放>二氧化硫排放。这表明在这三类污染物排放中，近年来对二氧化硫的排放治理更为有效，对工业固废的排放治理应成为后续工作的重点。

第三节　能源-经济-环境关系分析

目前，对于能源消费-经济增长、能源消费-环境污染二元关系的研究，方法比较丰富，包括协整检验、相关分析、数据包络分析等。然而，对于能源-经济-环境的三元体系，只使用单一方程模型进行研究是不全面的，因此，本节在 3E 理论与实证模型分析的基础上，选取代表性影响因素，建立能源消费、环境污染与经济增长的联立方程组模型，考察它们的相互作用关系。

一、能源-经济-环境模型变量的选取

本节考察两类能源-经济-环境模型变量，主要包括内生变量，即经济增长、环境污染和能源消费；外生变量，即其他对系统产生影响的变量，包括固定资产投资、能源生产量、能源加工转换效率、环境污染治理投资总额等。

（一）内生变量

一是经济增长。国内生产总值常被公认为衡量国家经济状况的最佳指标。一个国家或地区的经济究竟处于增长还是衰退阶段，从这个数字的变化便可以观察到。本节以地区生产总值（gdp）作为经济增长的衡量标准。

二是环境污染。由于新疆能源结构中煤炭和石油的比例较大，城市大气颗粒物污染依然比较严重，同时，受地形、气候的影响，城市大气颗粒物来源也很广泛，仍是影响空气质量主要的污染物。而二氧化硫不仅是形成酸雨和二次颗粒物的重要前提物，也能够直接损害公众健康，加之二氧化硫城市污染主要是当地的工业生产、能源消耗及居民日常生活造成的。此外，由于二氧化硫、工业烟尘和粉尘既与经济发展密切相关，又具有统计连续性，可以很好地代替环境污染指标，因而用年二氧化硫、工业烟尘和粉尘排放量（gas）代替环境污染指标。

三是能源消费。1987～2017 年，新疆的能源总消耗量每年增长约 8.7%。新疆目前的能耗水平与国际先进水平尚有很大差距，尽管新疆主要高耗能产品的单耗与国际先进水平的差距在逐渐缩小，但是总体上主要工业产品的单耗水平仍比国际先进水平大约高出 30%以上。本节选取能源消费总量（energy）作为能源消费指标。

（二）外生变量

经济、能源、环境三大主要因素除存在内部关联之外，经济增长和环境污染还分别受到生产性投资因素（固定资产投资，invest）、能源生产因素（能源生产量，product）、能源加工技术进步因素（能源加工转换效率，tech）和环境污染治理因素（环境污染治理投资总额，control）等外生变量的重要影响。

对上述数据进行对数处理，以消除量纲影响，分别用 L_{gdp}、L_{energy}、L_{gas}、L_{invest}、L_{product}、L_{tech}、L_{control} 等表示。考虑到数据的可得性，采用 2000～2017 年的阶段时序数据。

基于以上分析，我们可以分别建立经济增长方程、能源消费方程和环境污染方程，并联立方程组，模型如下所示：

$$\begin{cases} L_{\text{gdp}} = c_1 L_{\text{energy}} + c_2 L_{\text{invest}} + c_3 \\ L_{\text{energy}} = c_4 L_{\text{gdp}} + c_5 L_{\text{product}} + c_6 \\ L_{\text{gas}} = c_7 L_{\text{energy}} + c_8 L_{\text{tech}} + c_9 L_{\text{control}} + c_{10} \end{cases}$$

二、能源-经济-环境模型的实证分析

运用两阶段最小二乘法（two stage least square，TSLS）对上述联立方程组模型进行参数估计，得到如下关系（各方程拟合度均大于 0.9）：

$$\begin{cases} L_{\text{gdp}} = 0.824 L_{\text{energy}} + 0.238 L_{\text{invest}} - 1.354 \\ L_{\text{energy}} = 0.370 L_{\text{gdp}} + 0.630 L_{\text{product}(-1)} \\ L_{\text{gas}} = 0.932 L_{\text{energy}} - 5.630 L_{\text{tech}} - 0.443 L_{\text{control}} + 5.608 \end{cases}$$

其中，下标 (–1) 代表上一期数据。从以上关系可以看出新疆能源消费、环境污染、经济增长三者的相互影响。

经济增长方程显示，新疆能源消费每上升 1 个百分点，经济增长 0.824 个百分点，这表明能源消费对经济增长的贡献作用十分明显；固定资产投资每增加 1 个百分点，经济增长上升 0.238 个百分点。

能源消费方程显示，新疆经济增长每上升 1 个百分点，所需提供的能源消耗量将增长 0.370 个百分点，这表明新疆经济增长对能源需求潜力巨大、经济增长对能源依赖性强。同时，上一期的能源生产量对能源消费也有较大影响。

环境污染方程显示，新疆环境污染程度与能源消费量仍呈正相关，能源消费量每增长 1 个百分点，环境污染程度将上升 0.932 个百分点。能源加工转换效率和环境污染治理投入对新疆环境污染的影响也十分显著，当能源加工转换效率提高 1 个百分点，环境污染程度将下降 5.630 个百分点；环境污染治理投入提高 1 个百分点，环境污染程度将下降 0.443 个百分点。

第四节　能源-经济-环境协调度评价

新疆 3E 系统的协调发展、内部良性循环，是整个社会可持续发展的必要条件。正确认识现阶段新疆 3E 系统的协调状况及其影响因素，对于正确制定经济社会发展战略、科学配置产业资源、合理调整产业结构和提高生态环境质量具有重要意义。

一、研究方法与模型构建

协调度来源于协同论，是表示各系统和谐发展的一种衡量指标。随着计量技术的发展，3E 系统协调度评价方法呈现多样性和差异性。协调度评价模型是系统协调发展程度定量表示的核心，但由于协调是一个动态复杂的概念，协调度评价模型呈现出多样性。目前，3E 系统协调度评价研究中最常用的有综合型协调度评价模型、距离型协调度评价模型和变化型协调度评价模型。变化型协调度评价模型结构相对严谨，特别适用于同一地区的时间序列样本，因此，本节选择变化型协调度评价模型用于新疆 3E 系统协调度评价。一般系统协调具有多层次性，在研究子系统协调度的基础上进而研究 3E 系统协调度。

协调度表达的是整个系统的协调程度，不能反映子系统自身的发展水平。为了在测算系统协调度的同时反映子系统的发展水平，本节首先计算 3E 系统中子系统的发展水平，基于子系统发展水平的评价结果，测算 3E 系统协调度。

（一）指标体系选取

基于指标的科学性、可操作性、代表性及数据的可获得性，本节选取 17 个指标，建立 3E 系统指标体系，如表 3-7 所示。

表 3-7 新疆地区 3E 系统指标体系

系统	选取指标
经济子系统	人均地区生产总值、人均可支配收入、产业结构、失业率、城镇化率、人均固定资产投资
能源子系统	人均能源生产量、人均能源消费量、单位地区生产总值能耗、能源消费弹性系数、人均可再生能源生产量
环境子系统	人均工业废气排放量、人均烟粉尘排放量、人均废水排放量、人均工业固体废物排放量、人均环境污染治理投资额、生活垃圾处理率

（二）子系统发展水平计算

子系统指标权重通过熵值法确定。熵值法是指用来判断某个指标的离散程度的数学方法。离散程度越大，该指标对综合评价的影响越大，即权重越高。根据指标权重可计算出各子系统的发展水平。

以能源子系统为例，子系统发展水平计算公式为

$$E_{\mathrm{e}} = \sum_{i=1}^{m} w_j r_{ij} \tag{3-2}$$

其中，E_{e} 为能源子系统发展水平；w_j 为子系统中各指标的权重，即子系统指标的整体权重为 1 时计算的结果；r_{ij} 为第 i 个指标标准化之后的值。

整体发展水平为三个子系统发展水平的平均值。

$$E^{*}=\frac{E_{e}+E_{c}+E_{v}}{3} \tag{3-3}$$

其中，E_c为经济子系统发展水平；E_v为环境子系统发展水平。

以 2010 年数据为基点，由微分法计算出各子系统和系统整体的发展速度，进一步通过式（3-4）和式（3-5）求出子系统协调度 H_i 及 3E 系统综合协调度 H_s。系统协调度是数值在 0～1 的综合评价指标，大于 0.8 表明良好协调，0.6～0.8 表明基本协调，小于 0.6 表明轻度失调。

$$H_{i}=\begin{cases}\exp\left(\frac{dE_{i}}{dt}-\frac{dE^{*}}{dt}\right), & \frac{dE_{i}}{dt}<\frac{dE^{*}}{dt}, \quad i=1,2,3\\ 1, & \frac{dE_{i}}{dt}=\frac{dE^{*}}{dt}, \quad i=1,2,3\\ \exp\left(\frac{dE_{i}}{dt}-\frac{dE^{*}}{dt}\right), & \frac{dE_{i}}{dt}>\frac{dE^{*}}{dt}, \quad i=1,2,3\end{cases} \tag{3-4}$$

$$H_{s}=\sqrt[3]{\prod_{i=1}^{3}H_{i}} \tag{3-5}$$

二、协调度分析

经熵值法计算确定，能源子系统指标权重较高的为人均可再生能源生产量、能源消费弹性系数和单位地区生产总值能耗；经济子系统指标权重较高的为产业结构、城镇化率和人均可支配收入；环境子系统指标权重较高的为人均废水排放量、人均工业固体废物排放量和人均烟粉尘排放量。各子系统发展水平 2010～2017 年的变化趋势见图 3-2。

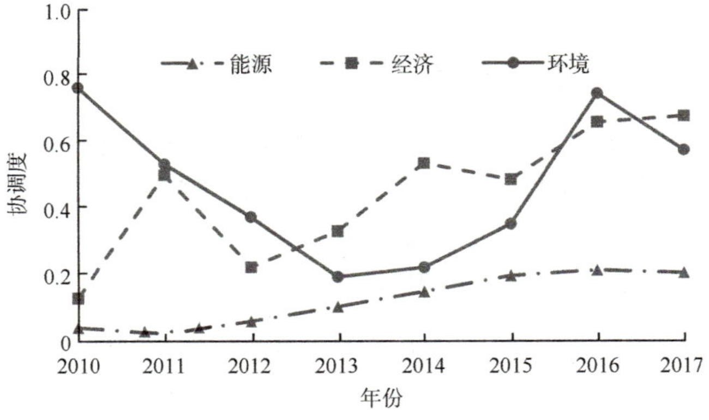

图 3-2　新疆能源、经济、环境子系统发展水平（2010～2017 年）

从图 3-2 可以看出，新疆能源、经济、环境三个子系统发展趋势不完全一致，能源子系统和经济子系统发展水平在 2010～2017 年呈增长趋势；而环境子系统发展水平呈“U”形趋势，在 2010～2013 年处于迅速恶化的过程，2014 年之后环境子系统发展水平逐步回升。

由式（3-4）和式（3-5）计算得到子系统间的协调度及 3E 系统的综合协调度，见图 3-3。可以发现，能源-经济两者发展水平在 2014 年基本协调，2015 年后良好协调；而能源-环境两者发展水平协调度波动较大。新疆 3E 系统协调度 2011～2017 年整体呈上升趋势，从 2011 年轻度失调发展到 2017 年良好协调，说明新疆 3E 系统的协调状况逐渐变好，3E 系统总体上发展较协调。环境子系统与其他子系统协调性不够好，说明新疆经济和能源的发展对环境造成了一定破坏，今后应强调在不损害生态环境的前提下，实现能源和经济高质量发展。

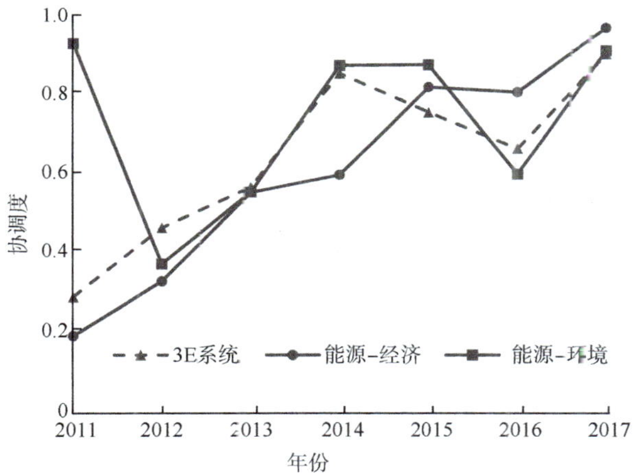

图 3-3　新疆 3E 系统协调度变化趋势

第四章　新疆能源生产与消费趋势预测

当前，新疆工业化已经进入产业结构调整、升级和优化的后工业化阶段，而城镇化则进入了“加速”和可以“加速”的时期，如何对新疆能源生产和消费的未来趋势做出理性和科学的判断，是进一步深化供给侧结构性改革、保障国家能源安全和促进新疆社会经济可持续发展的基础与前提，具有重要现实意义。本章参考我国能源发展目标，预测新疆未来各品种能源生产趋势，以人口和经济作为新疆能源消费的驱动因素，设置情景预测新疆未来能源消费需求和碳排放趋势，以期为制定明确的能源政策保障能源安全、促进社会经济的可持续发展提供科学支撑。

第一节　能源生产趋势预测

一、参数假设

新疆能源生产未来发展趋势通过情景分析法预测。结合新疆能源资源禀赋、现有能源生产能力及能源生产结构，围绕影响新疆能源生产的主要因素设置了三种情景。①基准情景：延续现有能源生产趋势，以化石能源为主，2050 年化石能源仍占一次能源生产量的 70%。②低碳情景：在基准情景基础上大力发展非化石能源，煤炭和石油生产量所占比重逐年下降。③强化低碳情景：在低碳情景基础上，强化技术进步，非化石能源生产量快速增长，同时由于储能技术进步和智能电网建设，弃风率和弃光率下降较快。

（1）新疆能源生产总量占全国能源生产总量比重。新疆是我国重要的能源生产基地，2000～2017 年，新疆能源生产总量占全国生产总量的比例呈升高趋势，如图 4-1 所示。在全国深入实施能源革命的重大战略背景下，新疆将进一步发挥区位优势和资源优势，着力打造“三基地一通道”，新疆能源生产总量将保持增长趋势。因此，设定 2020～2050 年关键年份新疆能源生产总量占全国生产总量的比例如表 4-1 所示，在 2020～2040 年由 6.5%逐渐升高至 8.5%，2040 年之后，随全国能源消费达峰，新疆能源生产总量占全国比例基本保持不变。

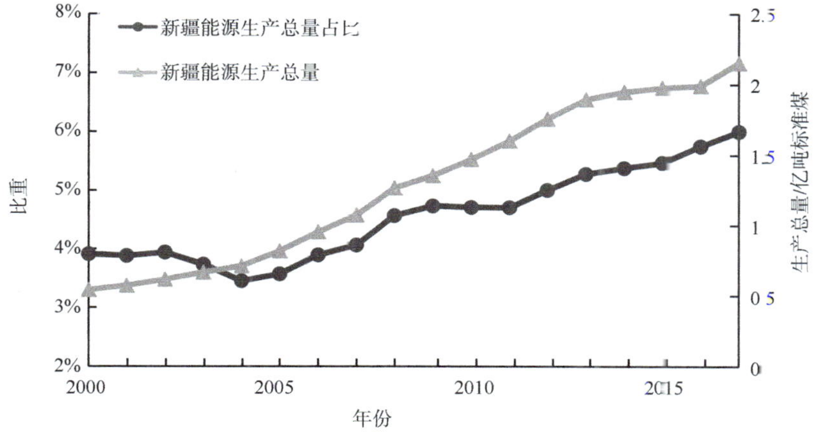

图 4-1　新疆能源生产总量及占全国比例

表 4-1　新疆能源生产总量占全国比例预测值

项目	2020 年	2025 年	2030 年	2035 年	2040 年	2045 年	2050 年
新疆能源生产总量占全国比例	6.5%	7.0%	7.5%	8.0%	8.5%	8.5%	8.5%

全国能源生产总量和结构未来发展趋势参考《推动能源生产和消费革命战略研究（综合卷）》[①]的研究成果，列于表 4-2。

表 4-2　我国能源生产总量和结构预测目标

项目	2020 年		2030 年		2050 年	
	产量/亿吨标准煤	比例	产量/亿吨标准煤	比例	产量/亿吨标准煤	比例
煤炭	27.4	66.0%	25.5	54.4%	17.3	32.8%
石油	3.1	7.5%	3.1	6.6%	3.1	5.9%
天然气	3.1	7.5%	4.7	10.0%	5.7	10.8%
核能	1.4	3.4%	4.6	9.8%	8.8	16.7%
非化石能源	6.5	15.7%	9.0	19.2%	17.9	33.9%
总量	41.5	100%	46.9	100%	52.8	100%

注：因数据经四舍五入，存在合计比例值不等于 100%的情况

（2）新疆非化石能源生产量占能源生产总量比重。新疆能源生产结构中，非化石能源几乎全部为可再生能源，包括水能、风能和太阳能等。新疆是可再生能

① 谢克昌，等：《推动能源生产和消费革命战略研究（综合卷）》，科学出版社，2017 年。

源资源富集地区，风能和太阳能资源均位居全国第 2 位，水能资源位居全国第 4 位。2017 年，新疆非化石能源生产量占能源生产总量的 9.3%，低于全国非化石能源生产量占比（17.4%）。在建设清洁低碳、安全高效的能源体系目标引导下，新疆非化石能源生产占比将快速提高。

因此，基于新疆非化石能源生产现状和能源资源禀赋，设定在基准、低碳和强化低碳情景下，非化石能源占比在 2050 年分别达到 30%、41%和 48%。三种情景下关键参数设置见表 4-3。

表 4-3　新疆能源生产预测情景参数设置

项目	2020 年			2035 年			2050 年		
	基准	低碳	强化低碳	基准	低碳	强化低碳	基准	低碳	强化低碳
煤炭占比	58.0%	57.0%	55.0%	48.0%	45.0%	35.0%	40.0%	31.0%	25.5%
石油占比	16.5%	16.1%	15.6%	16.0%	13.0%	10.0%	12.0%	9.0%	6.5%
天然气占比	16.0%	16.4%	16.5%	20.0%	22.0%	25.0%	18.0%	19.0%	20.0%
非化石能源占比	9.5%	10.5%	12.9%	16.0%	20.0%	30.0%	30.0%	41.0%	48.0%
水电占非化石能源比重	35.0%	35.0%	35.0%	25.0%	25.0%	20.0%	16.0%	10.0%	8.0%
风电占非化石能源比重	48.0%	48.0%	48.0%	45.0%	45.0%	45.0%	50.0%	50.0%	50.0%
光电占非化石能源比重	17.0%	17.0%	17.0%	30.0%	30.0%	35.0%	34.0%	40.0%	42.0%
弃光、弃风率	17.0%	17.0%	17.0%	12.5%	7.5%	2.5%	5.0%	0	0

二、结果分析

图 4-2～图 4-5 分别展示了煤炭、石油、天然气和非化石能源在基准、低碳、强化低碳三种情景下的生产情况。

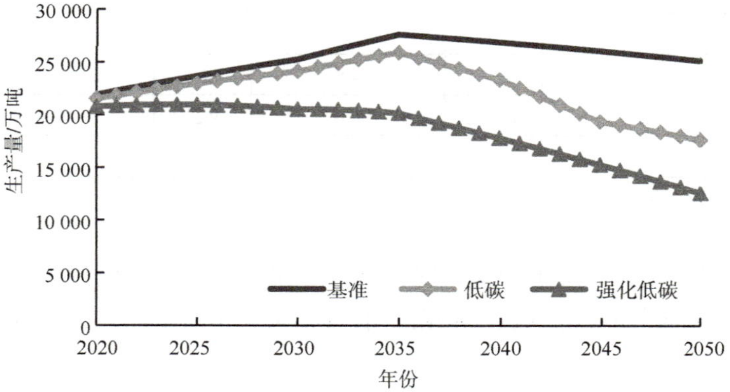

图 4-2　不同情景下煤炭生产量

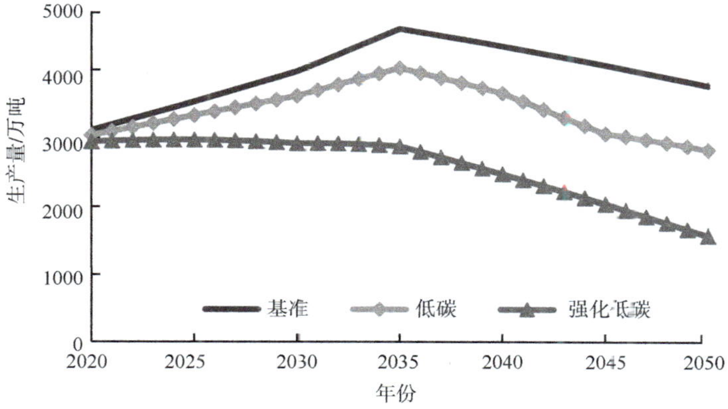

图 4-3　不同情景下石油生产量

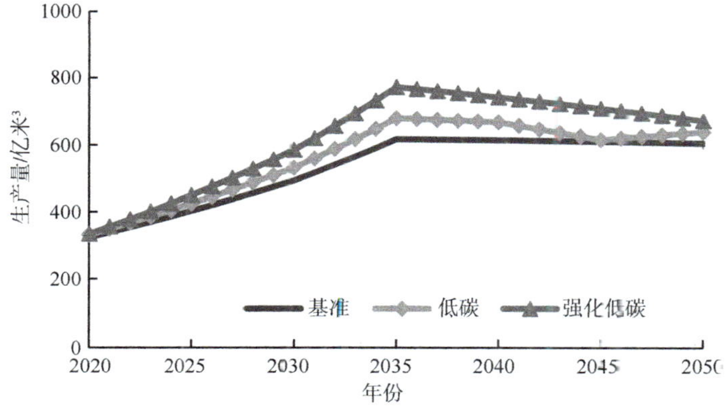

图 4-4　不同情景下天然气生产量

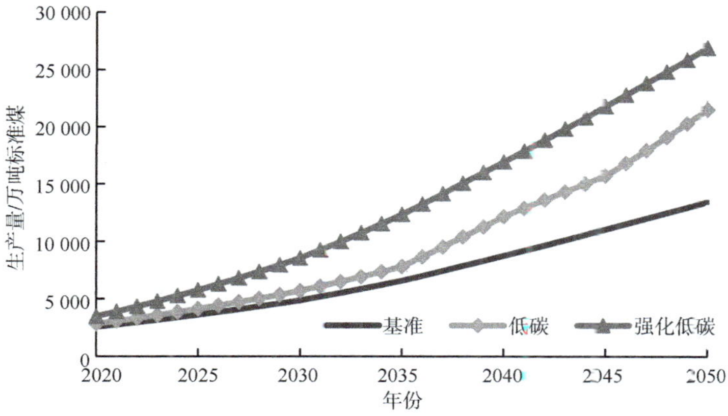

图 4-5　不同情景下非化石能源生产量

在基准和低碳情景下，煤炭、石油和天然气生产量均在 2035 年左右达峰，与全国化石能源消费达峰时间一致。而在强化低碳情景下，煤炭和石油生产量在 2035 年之前处于平稳下降趋势，2035 年之后下降速度较快。在强化低碳情景下，天然气生产占比提高， 2050 年之前，天然气生产量都高于其他两种情景。

在三种情景下，非化石能源生产量都处于上升趋势。在强化低碳情景下，非化石能源 2035 年和 2050 年生产量分别为 12 336 万吨标准煤和 26 928 万吨标准煤，占当年能源生产总量的 30%和 48%。

图 4-6～图 4-8 展示了水电、风电、光电不同情景下的生产情况。在基准情景下，水电、风电、光电发展速度较慢，2035 年发电量分别为 577 亿千瓦时、1038 亿千瓦时、693 亿千瓦时，分别是 2020 年的 1.9 倍、2.5 倍和 4.6 倍。在强化低碳情景下，三种能源发电量明显高于基准情景，对于风电和光电，2030～2045 年发电量迅速提高，需要提前做好技术储备和项目规划。

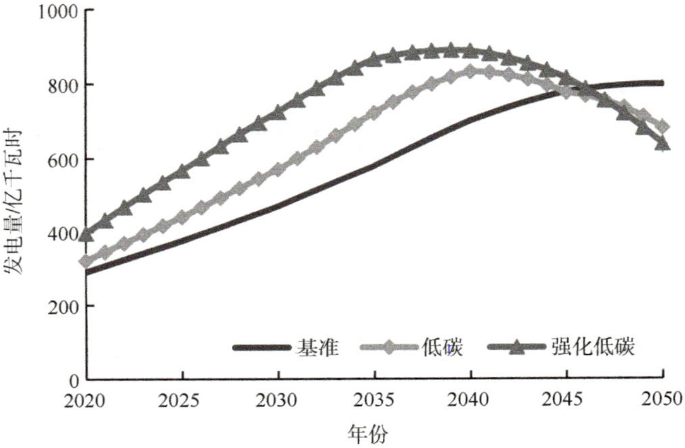

图 4-6　不同情景下水力发电量

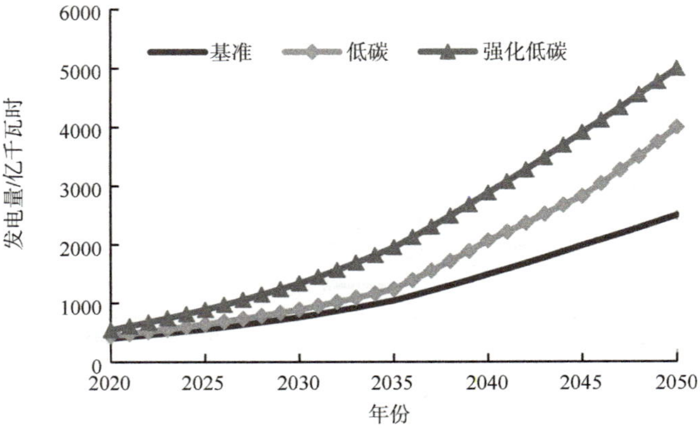

图 4-7　不同情景下风力发电量

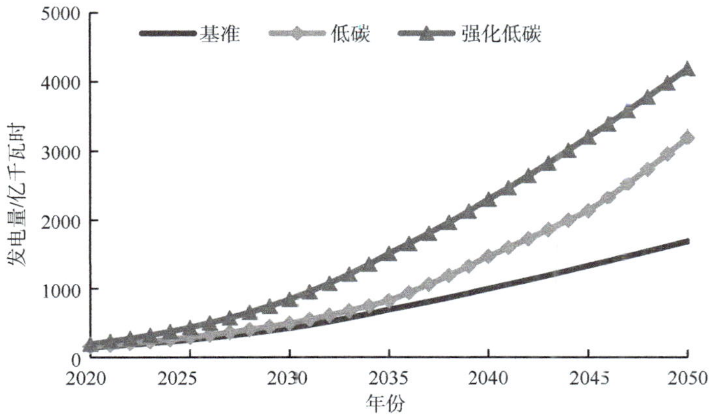

图 4-8　不同情景下太阳能发电量

表 4-4 和表 4-5 分别列出了不同情景下非化石能源装机容量和新疆非化石能源资源储量。在强化低碳情景下，由于非化石能源目标占比较高，2050 年三种非化石能源装机容量已接近或达到 2010 年技术可开发量上限。因此，该情景下对非化石能源利用的技术进步要求较高。

表 4-4　不同情景下非化石能源装机容量对比（单位：万千瓦）

类别	2020 年			2035 年			2050 年		
	基准	低碳	强化低碳	基准	低碳	强化低碳	基准	低碳	强化低碳
水电	832	920	1 130	1 518	1 898	2 278	1 995	1 704	1 595
风电	2 118	2 340	2 875	5 162	6 103	8 686	10 498	13 630	15 957
光电	1 052	1 163	1 429	4 397	5 199	8 632	8 924	13 530	16 755

表 4-5　新疆非化石能源资源储量

类别	资源储量	技术可开发量（2010 年）
水电/万千瓦	3817	1656
风电/亿千瓦	8.9	2.0
光电/亿千瓦	1030	2

第二节　能源消费趋势预测

一、预测方法

常见的能源需求预测方法有部门分析法、时间序列法、弹性系数法、投入产出法、因素分析法、情景分析法、灰色模型法、混沌时间序列法等多种方法，各种方法都有自身的特点①。为避免单一方法对信息考虑不全面的问题，通常采用组合方法进行能源需求预测。本节拟选择因素分析法和情景分析法对新疆能源消费需求进行预测。

（一）因素分析法

对于多因素影响的变量，通常做法是采用结构分解法（structural decomposition analysis，SDA）将被解释变量分解为各相关解释变量变换之和或之积。常见的分解方法有 Laspeyres 指数分解、IPAT（I=human impact，P=population，A=affluence，T=technology）模型、STIRPAT（stochastic impacts by regression on population, affluence and technology）模型、Kaya 恒等式、对数平均迪氏指数分解等②，本节选择通用的 Kaya 公式进行分解。

Kaya 公式是一种简单平均分解法，最初用于碳排放因素解析方面，公式为

$$C=\frac{C}{E}\times\frac{E}{Y}\times\frac{Y}{P}\times P \tag{4-1}$$

其中，C 为碳排放量；E 为能源消费量；C/E 为单位能源消耗的碳排放量；E/Y 为万元地区生产总值能耗；Y/P 为人均地区生产总值；P 为人口规模。

因能源消耗与碳排放密切相关，可对 Kaya 公式进行变换，将式（4-1）两边同时乘以 E/C，则可转变为

$$E=\frac{E}{Y}\times\frac{Y}{P}\times P \tag{4-2}$$

因此未来能源消费趋势预测，需要重点把握万元地区生产总值能耗下降和地区生产总值增长速度。

（二）情景分析法

情景分析法在能源资源环境战略规划、政策分析及决策管理支持等领域应用广泛，其实质是基于现实情况或可预见的未来发展趋势，预测未来情形和发展过程。应用情景分析法的优势在于提供了多种可能的发展预测结构，尤其在进行中长期战略规划预测过程中，情景分析法可以使政策制定者或管理者选择正面影响最大而负面影响最小的发展方向和路径③。

---

① 张超：《基于组合模型的我国能源消费预测研究》，湖南大学硕士学位论文，2017 年。

② 王少剑，刘艳艳，方创琳：《能源消费 CO_2 排放研究综述》，《地球科学进展》，2015 年第 2 期，第 151~164 页。

③ 朱婧，刘学敏，初钊鹏：《低碳城市能源需求与碳排放情景分析》，《中国人口 · 资源与环境》，2015 年第 7 期，第 48～55 页。

本节根据新疆能源资源禀赋、经济社会发展情况及用能结构，围绕影响新疆能源消费需求的主要因素（地区生产总值、单位能耗强度、能源结构等），设置了三种情景。①基准情景：假设未来按照现有“十三五”期间既定目标和发展速度往后顺延，不进行额外调整和开展强化行动。②低碳情景：在基准情景基础上，提升能源利用效率，降低化石能源在能源消费中的占比，到2050年，万元地区生产总值能耗降至0.66吨标准煤左右，可再生能源在能源消费中占比达到25%以上。③强化低碳情景：在低碳情景基础上，进一步提升能源利用效率，优化能源结构，到2050年，万元地区生产总值能耗降至0.55吨标准煤左右，可再生能源在能源消费中占比达到35%以上。

二、参数设置

（一）地区生产总值增速

“十二五”期间，全国年均生产总值增速为7.5%，随着经济发展方式的转变，“十三五”期间生产总值增速规划控制在6.5%左右。未来，我国经济继续进入新常态，实现由高速增长向中高速增长转变。在新常态中，“L形”增长是一个必然趋势。据专家预测，“十四五”期间，全国经济增长可能降至5%左右[①]。“十二五”期间，新疆年均地区生产总值增速为10.7%，“十三五”期间，规划目标为7%。2016年、2017年、2018年地区生产总值增速分别为7.6%、7.6%和6.1%，2019年政府工作报告中将地区生产总值增速下调至5.5%左右。如果想继续实现“十三五”期间7%左右的发展目标，则2020年地区生产总值增速需要保持在8.3%，这与目前经济高质量发展形势不甚符合。对比国家的发展目标及近十年经济发展情况，本节对未来新疆地区生产总值增速做如下假设，具体如表4-6所示。

表4-6 经济增长假设

情景	2020年	2021～2025年	2026～2030年	2031～2035年	2036～2040年	2041～2045年	2046～2050年
基准	7.0%	7.0%	7.0%	7.0%	7.0%	7.0%	7.0%
低碳	6.3%	6.2%	5.9%	5.6%	5.3%	5.0%	4.7%
强化低碳	5.8%	6.0%	5.5%	5.0%	4.5%	4.0%	3.5%

① 《央行姚余栋：中国经济“L形”增长是大趋势》，http://mgmt.cssn.cn/jjx/jjx_gd/201604/t20160401_2949086.shtml，（2016-04-01）[2020-12-02]。

（二）人口规模

新疆是一个多民族聚居地，由于经济发展水平落后和生育政策宽松，历来是我国人口自然增长速度最快的省区市之一。2010～2018 年，新疆人口自然增长率一直是同期全国平均水平的 2 倍左右（图 4-9）。《国家人口发展规划（2016—2030 年）》指出：今后 15 年，人口总规模增长惯性减弱，2030 年前后达到峰值。《新疆维吾尔自治区国民经济和社会发展第十三个五年规划纲要》中的目标设定为："十三五"期间，人口自然增长率控制在 11.6‰以内。根据新疆少数民族比重高的人口特征，未来新疆人口发展趋势可能很难与全国平均变化趋势保持一致，据此做如下假设，如表 4-7 所示。

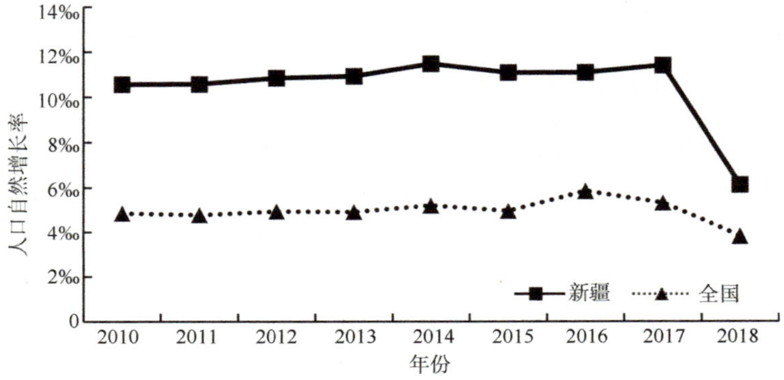

图 4-9　新疆人口自然增长率与全国的对比情况

表 4-7　人口自然增长率情况假设

情景	2020 年	2025 年	2030 年	2035 年	2040 年	2045 年	2050 年
基准	11.6‰	11.6‰	11.6‰	11.6‰	11.6‰	11.6‰	11.6‰
低碳	11.6‰	12.1‰	12.6‰	12.3‰	12.0‰	11.7‰	11.4‰
强化低碳	11.6‰	11.3‰	11.0‰	10.7‰	10.4‰	10.1‰	9.8‰

（三）能耗强度下降率

"十二五"期间，我国能耗强度累计下降 18.4%，超过既定目标（16%）。"十三五"期间，按照《能源发展"十三五"规划》中的既定目标，我国能耗强度相对于 2015 年下降 15%。依据《能源生产和消费革命战略（2016—2030）》的目标设定，2021～2030 年，单位国内生产总值能耗（现价）达到目前世界平均水平。"十二五"期间，新疆单位地区生产总值能耗相对于 2010 年增长 1.68%，尤其是 2015 年相对于 2014 年下降 5.2%。"十三五"期间，国家给新疆下达的能耗强度下降目标为12%。“十四五”“十五五”以至于到2050年，随着经济发展方式转变，新疆单位地区生产总值能耗将进一步下降，本节做如下假设，如表4-8所示。

表4-8　能耗强度下降率假设

情景	2016～2020年	2021～2025年	2026～2030年	2031～2035年	2036～2040年	2041～2045年	2046～2050年
基准	12%	12%	12%	12%	12%	12%	12%
低碳	12%	13%	14%	14%	12%	12%	12%
强化低碳	12%	14%	16%	18%	16%	14%	14%

（四）煤炭比重

以煤为主的能源结构一直是我国能源消费的主要特征，近年来随着控煤措施的实施，煤炭总量和比重均得到有效控制，其中煤炭消费总量在2014年左右实现达峰，煤炭消费占比在2018年已降至59%。随着全球能源清洁化发展趋势，以及我国加大应对气候变化和大气污染防治的力度，煤炭消费占比仍将持续下降。中国工程院“推动能源生产和消费革命战略研究”一期研究成果提出：到2030年我国煤炭在能源消费结构中的比重可降至50%以下。新疆经济发展相对粗放，2017年煤炭在能源消费结构中的比重达到66.4%，且近几年未出现明显下降趋势。未来，随着“一带一路”倡议的推进，新疆粗放式的经济发展方式也必将逐步转变，实现高质量发展。综合国家煤炭发展战略及新疆未来经济社会发展需求，本节对煤炭在新疆能源消费结构中的占比做如下假设，如表4-9所示。

表4-9　煤炭比重假设

情景	2020年	2025年	2030年	2035年	2040年	2045年	2050年
基准	65%	65%	65%	65%	65%	65%	65%
低碳	65%	61%	57%	54%	51%	48%	45%
强化低碳	65%	60%	55%	50%	45%	40%	35%

（五）天然气比重

天然气是一种清洁能源，提高天然气比重也是未来能源转型的重要途径。目前，发达国家天然气比重可达30%以上，如美国为30%左右，英国为34%。我国由于资源禀赋所限，天然气在总能耗中的比重仍较低，2017年为7%。按照《能源生产和消费革命战略（2016—2030）》的目标设定，至2030年，我国天然气占能源消费总量比重将提升至15%。新疆天然气消费比重高于全国平均水平，2017

年达到 8.8%，增加天然气比重仍然是新疆未来优化能源结构的重要举措。根据天然气在能源结构中的发展趋势及未来新疆天然气生产供应情况，本节对未来新疆天然气在能源消耗中的比重做如下假设，如表 4-10 所示。

表 4-10　天然气比重假设

情景	2020 年	2025 年	2030 年	2035 年	2040 年	2045 年	2050 年
基准	10%	10%	10%	10%	10%	10%	10%
低碳	10%	11%	12%	13%	13.6%	14.3%	15%
强化低碳	10%	13%	16%	17%	18%	19%	20%

（六）非化石能源比重

提高非化石能源的消费比重是推进我国能源消费转型发展的重要途径。2016 年我国非化石能源消费比重为 13%，其中可再生能源为 11%。依据《能源生产和消费革命战略（2016—2030）》中的既定目标，2030 年我国非化石能源消费占比达到 20%。新疆具有非常丰富的非化石能源资源，且几乎全部为风能、太阳能等可再生能源资源，具有显著的提高非化石能源消费比重的资源优势。综合新疆可再生能源资源禀赋、开发利用现状及未来技术发展的经济性，对可再生能源资源的开发利用比例做如下假设，如表 4-11 所示。

表 4-11　非化石能源比重假设

情景	2020 年	2025 年	2030 年	2035 年	2040 年	2045 年	2050 年
基准	13.4%	13.4%	13.4%	13.4%	13.4%	13.4%	13.4%
低碳	13.4%	17%	20%	22%	23%	24%	25%
强化低碳	13.4%	18%	22%	26%	30%	33%	36%

三、结果分析

（一）能源消费需求总量

如图 4-10 所示，在 3 种情景下，未来新疆能源消费需求总量均将持续增长，仅年均增长率不同，且在 2050 年之前未出现拐点。基准情景下能源消费需求年均增速达到 4.18%，到 2050 年能源消费需求总量达到 6.7 亿吨标准煤；低碳情景下能源消费需求年均增速为 2.54%，到 2050 年能源消费需求总量接近 4 亿吨标准煤；强化低碳情景下能源消费需求年均增长 1.39%，到 2050 年能源消费需求总量在 2.8 亿吨标准煤左右。

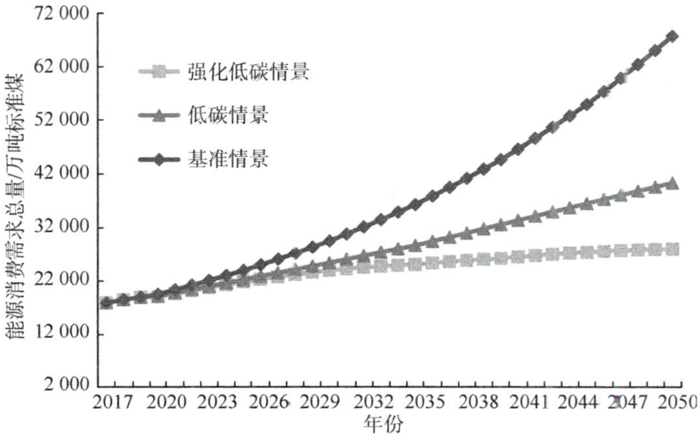

图 4-10 不同情景下未来能源消费总需求情况

（二）化石能源消费需求

由图 4-11 可以看出，基准情景下，化石能源消费需求量仍持续增长，2050 年达到 6 亿吨标准煤，年均增长率在 4%左右，占能源需求总量的 90%；低碳情景下，化石能源消费需求量呈现缓慢增长趋势，2050 年达到 3 亿吨标准煤左右，年均增速在 2%左右；强化低碳情景下，化石能源需求量在 2032 年实现达峰（1.85 亿吨标准煤），随后以年均 0.17%的速率逐步下降。

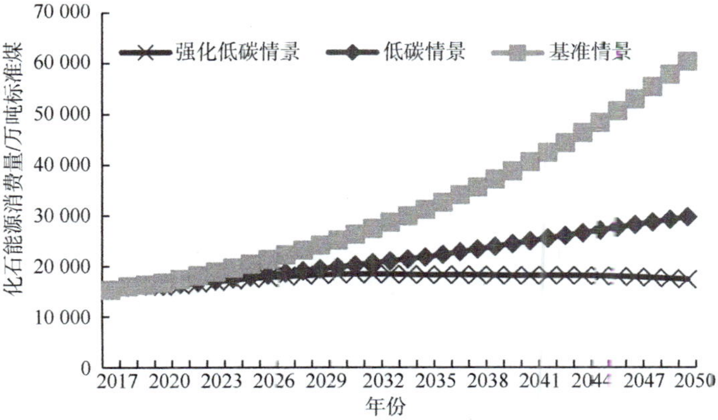

图 4-11 化石能源消费需求量趋势

（三）能源强度

未来，随着节能技术水平的提高、能源管理效率的提升及人们节能意识的增强等，新疆能源利用效率逐步提升，单位地区生产总值能耗逐步下降。如图 4-12 所示，在所假设的 3 种情景下，未来能源强度均是逐步下降，到 2050 年，能源消耗强度分别降至 0.70 吨标准煤/万元、0.66 吨标准煤/万元和 0.55 吨标准煤/万元，相对 2017 年分别下降了 58%、61%和 69%，年均下降率分别为 2.6%、2.8%和 3.3%。

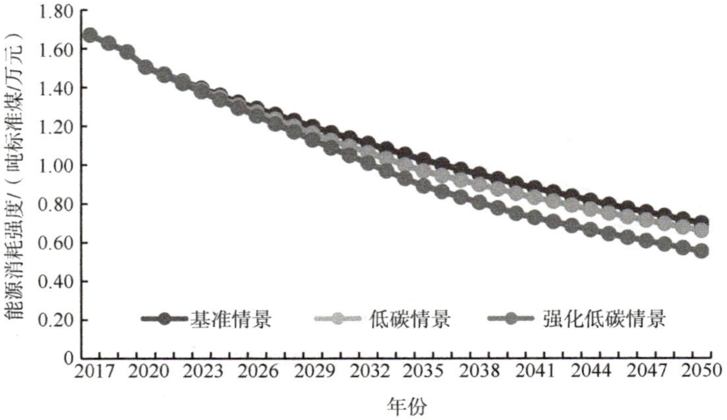

图 4-12　能源强度变化趋势

（四）能源消费结构

如图 4-13 和图 4-14 所示，基准情景下，能源消费结构维持“十三五”时期的状态，到 2050 年依然以煤炭消耗为主，占比 65%，石油、天然气和可再生能源分别为 15%、10%和 10%。在低碳情景下，煤炭占比下降，到 2050 年降至 45%，可再生能源和天然气占比逐步提升，到 2050 年分别为 25%和 15%，石油比重一直维持在 15%左右。在强化低碳情景下，煤炭占比进一步下降，到 2050 年降至 35%；可再生能源占比大幅提升至 36%，天然气比重提升至 20%，相应的石油占比降至 9%。

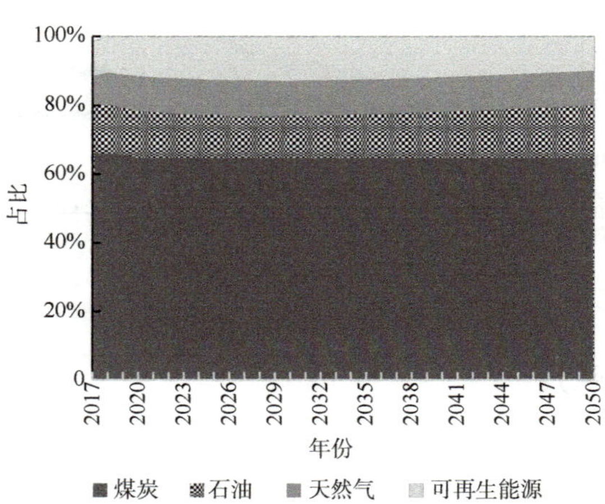

（a）基准情景

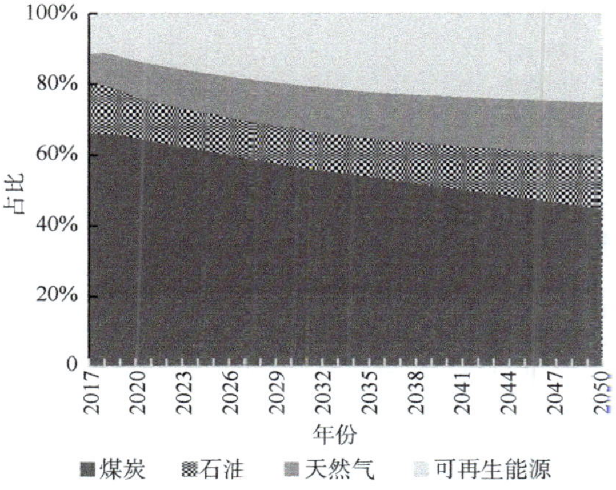

（b）低碳情景

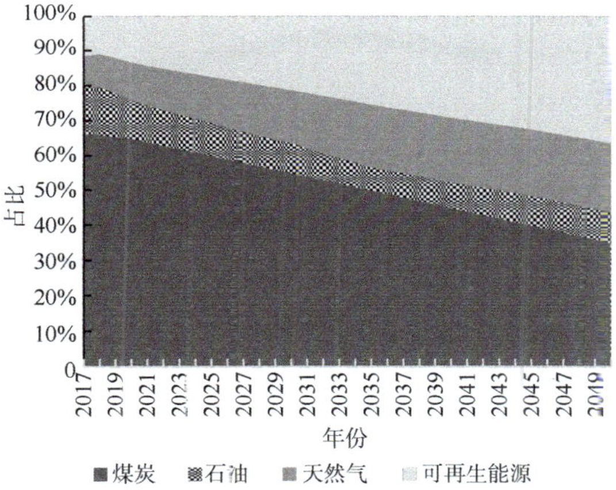

（c）强化低碳情景

图 4-13　三种情景下能源消费结构

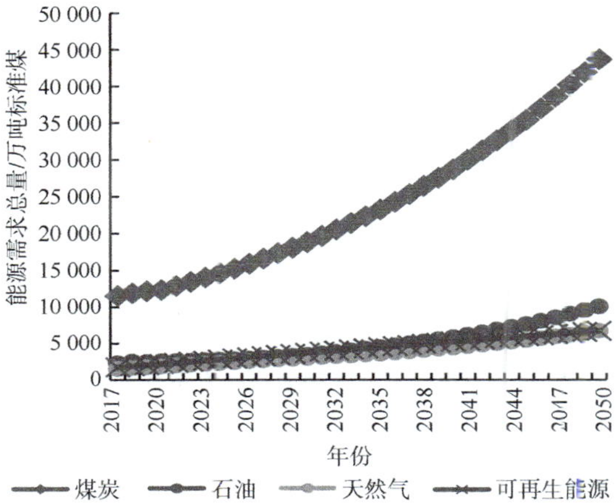

（a）基准情景

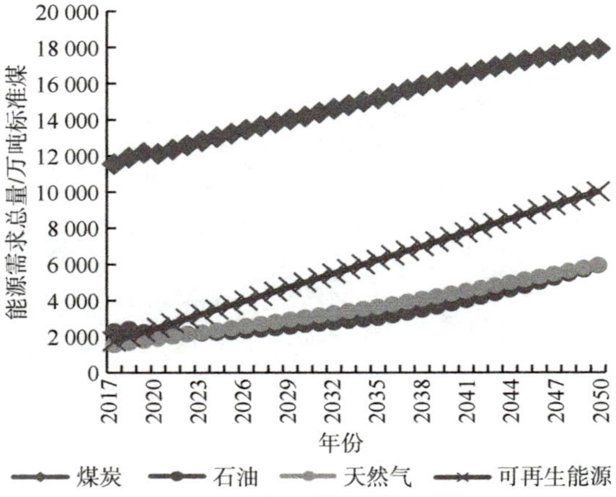

（b）低碳情景

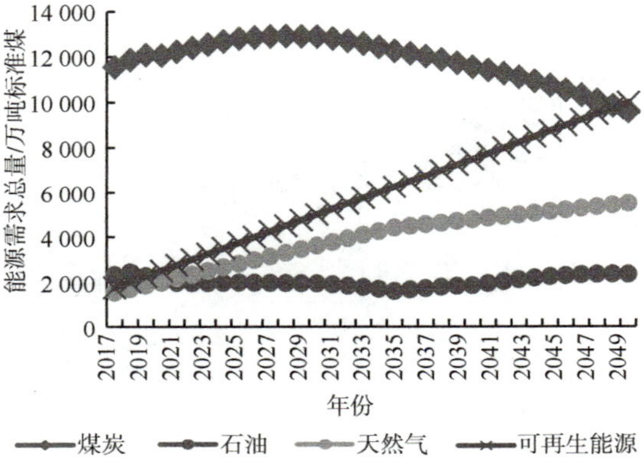

（c）强化低碳情景

图 4-14　三种情景下不同品种能源需求总量趋势

第三节　碳排放趋势预测

一、预测方法

目前国际通用的碳排放量核算方法依然是《2006 年 IPCC 国家温室气体清单指南》确定的“排放因子法”，基本方程是

排放=活动水平×排放因子

由于能源消费领域碳排放可占据区域温室气体排放的 80%或 90%以上，且其他领域温室气体排放核算数据搜集困难，本节中碳排放仅指能源消费带来的碳排放。所以，能源消费量即是活动水平数据。每单位被消耗能源排放的二氧化碳则作为排放因子，本节采用《省级温室气体清单编制指南（试行）》推荐数值。

二、结果分析

经计算后，不同情景下未来新疆碳排放趋势如图 4-15 所示。在基准情景下，由于消耗大量的煤炭资源和石油资源，碳排放量快速增长。低碳情景下，在能源消费量相对于基准情景削减 41%的情况下，碳排放量降低了 56%。虽然整体仍然呈现增长趋势，但年均增长率由基准情景的 4.59%降至 2.03%，到 2050 年排放量相对于 2017 年增加 94%。在强化低碳情景下，碳排放量在 2030 年实现达峰（峰值数量约为 3.8 亿吨二氧化碳），较煤炭达峰推迟 2 年，较化石能源达峰提前 2 年。

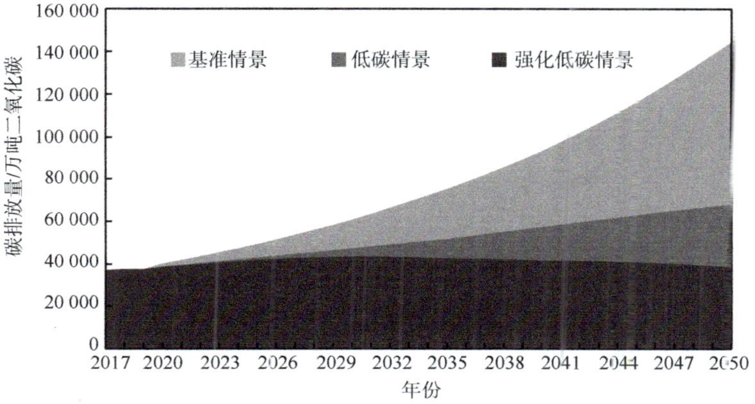

图 4-15　新疆未来碳排放趋势

碳排放强度包括人均碳排放强度和单位地区生产总值碳排放强度两类。由于不同区域规模不尽相同，通常人们会用人均碳排放指标比较不同区域间的碳排放水平。一般来说，在跨越碳排放总量峰值之前，区域会先实现人均碳排放量的绝对下降。如图 4-16 所示，在基准情景下，新疆人均碳排放量持续增长，低碳情景下相对平稳，略微增加，只有在强化低碳情景下才出现拐点（拐点年份为 2025 年，数量为15.69 吨二氧化碳），满足人均碳排放早于碳排放总量达峰的一般规律。到 2050 年强化低碳情景下人均碳排放降至 11.16 吨二氧化碳。

从单位地区生产总值碳排放角度看，3 种情景下碳排放强度均呈现快速下降趋势（图 4-17）。“十三五”期间单位地区生产总值碳排放累计下降率在 1.33%～16.52%，均满足新疆《“十三五”控制温室气体排放工作实施方案》中设定的 12%的下降率目标。对比未来 30 年碳排放强度下降趋势，可以发现，2020～2030 年，新疆单位地区生产总值碳排放下降最快，5 年累计下降率均在 25%以上；2030 年以后，强化低碳情景下的单位地区生产总值碳排放仍以 17%～22%的 5 年下降速率下降，低碳情景下降速率明显放缓，5 年累计下降率在 7%～11%；而基准情景下单位地区生产总值碳排放处于稳定不降的状态。

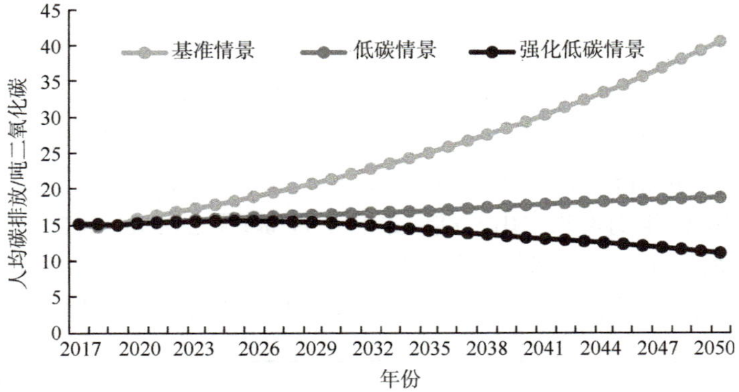

图 4-16　新疆未来人均碳排放趋势

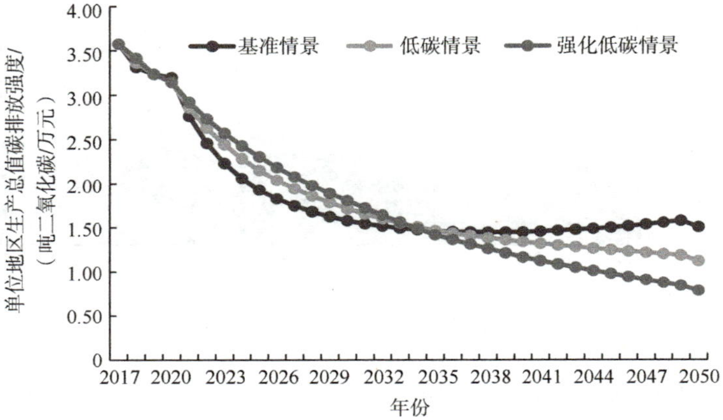

图 4-17　新疆单位地区生产总值碳排放未来趋势

第五章　新疆绿色发展面临的主要问题

在党的十八届五中全会上，习近平总书记明确提出“创新、协调、绿色、开放、共享”的发展理念[①]，至此，绿色发展成为我国经济社会发展的一个重要指标，并逐步演化为深入到经济发展和社会民生各个角落的重要理念，也是目前我国迈向高质量发展的必要条件。绿色发展，就是要解决好人与自然和谐共生的问题，要求在一定资源承载力及有限的环境容量下，通过不同部门之间的相互协调配合，对污染物进行治理及对能源进行合理的开发利用，实现社会、经济和资源、环境的全面协调发展。新疆作为我国重要的能源、矿产等资源集中地，资源勘探、开发、输送等人类活动必然较其他区域更为密集，同时新疆区内干旱少雨、沙漠戈壁广布，生态环境异常脆弱。因此，人类活动与自然环境之间的矛盾在新疆境内更为明显，推动人与自然和谐共生在新疆境内也更为艰难。本章将在前述现状特征分析的基础上，综合未来绿色发展要求和新疆能源产业发展趋势预判，分析提炼出新疆在未来一段时间内绿色发展所面临的问题与挑战。

第一节　资源利用效率低、经济增长方式粗放

推动经济增长方式由粗放型向集约型转变是绿色发展的初级要求。但新疆目前的经济增长方式仍相对粗放，资源高投入、低产出特征仍较为明显，突出表现在以下几个方面。一是能源利用效率低。目前新疆单位地区生产总值能耗（图 5-1）和单位地区生产总值电耗都远高于全国平均水平，相当于全国平均水平的 2.5 倍以上。虽然在一系列节能降耗行动措施的实施下，新疆单位地区生产总值能耗自 2013 年开始逐步下降，但平均下降幅度（年均下降 2.45%）仅相当于全国平均水平（5.8%）的一半左右。单位地区生产总值电耗全国整体在下降，而新疆单位地

① 《在党的十八届五中全会第二次全体会议上的讲话（节选）》，http://cpc.people.com.cn/n1/2016/0101/c64094-28002398.html，（2016-01-01）[2020-12-02]。

区生产总值电耗却逐步上升，由 2013 年的 0.21 万千瓦时/万元增至 2018 年的 0.26 万千瓦时/万元，年均增长率达到 4.4%。这可能是因为新疆推进电气化工程建设，利用电能替换煤油气消费。二是能源消费需求持续增加。在能源消费总量增速方面，新疆远高于全国平均水平，2013～2017 年全区能耗总量累计增长 27.6%，相当于全国平均水平（7.6%）的 3.6 倍，在全国省区市中位居前列。而同期新疆地区生产总值累计增长幅度（29.9%）仅相当于全国平均水平（38.3%）的 78%（图 5-2）。经济增长仍然依赖于大量的能源资源投入，亟待突破困境，向集约型经济增长方式转变。三是用水效率低。作为干旱半干旱区域，新疆在用水方面存在需求量大、效率低的特点。2018 年全区用水总量 549 亿米^3，约占全国总量的 9.1%；单位地区生产总值用水量为 449.8 米^3/万元，相当于全国平均水平（66.8 米^3/万元）的 7 倍左右，位列全国第一位（图 5-3）。而同时，单位工业增加值水耗却仅为 33.6 米^3/万元，相当于全国平均水平的 80%左右，在全国范围内属于中等靠上水平。综合看来，新疆整体用水产出效益低的主要原因可能在于区内气候干燥、蒸发量大，导致农业生产用水需求大，全区约 90%的用水在于农业灌溉。

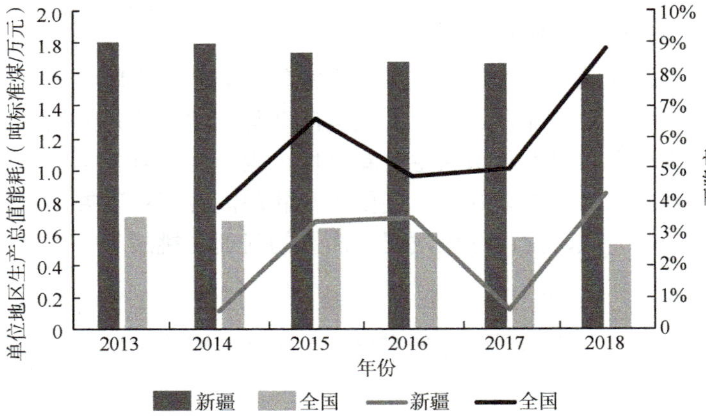

图 5-1　新疆单位地区生产总值能耗强度与全国的对比

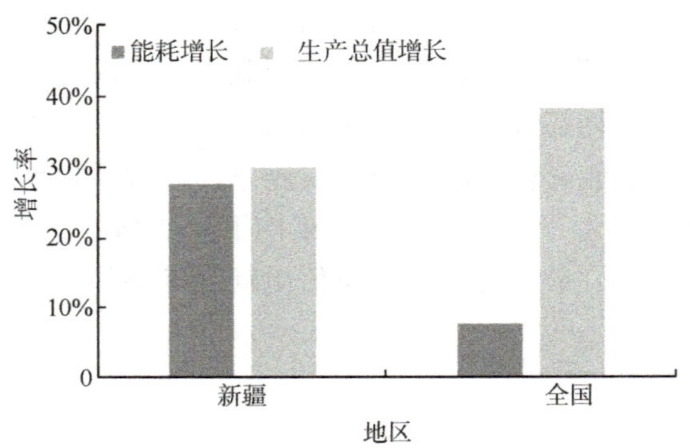

图 5-2　新疆能耗和地区生产总值增长与全国的对比

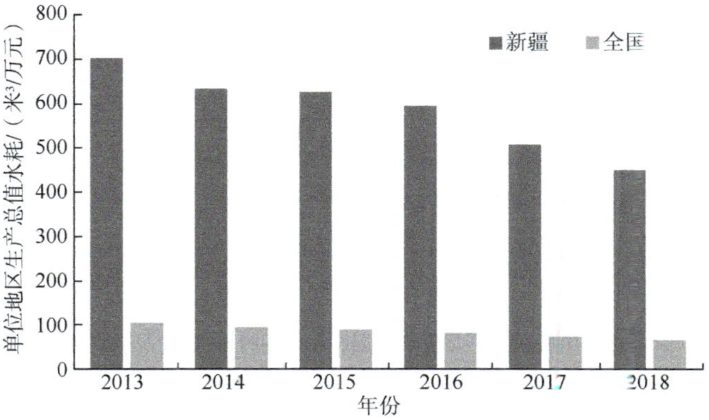

图 5-3　新疆单位地区生产总值水耗与全国的对比

第二节　生态环境脆弱、环境治理困难

新疆自然条件恶劣，气候干旱少雨，植被稀少，生态环境脆弱，加剧了环境治理难度。2013 年以来，新疆每年均投入大量经费用于环境污染治理，环境污染治理投资额度可占地区生产总值的 2.5%～4%，远高出全国整体水平（1%～1.5%）。在系列环境治理措施之下，2013～2018 年全区污染物排放总量快速下降，废水 COD（chemical oxygen demand，化学需氧量）、氨氮、二氧化硫、氮氧化物、烟粉尘等污染物总量下降速率分别为 35.5%、22.5%、19.9%、22.1%和 12.11%，均高于全国同时期整体水平（18.8%、13.2%、19.1%、13.3%和 11.2%）。在单位产值污染物排放方面，水体污染物排放水平与全国平均水平较为接近，甚至高于全国水平；大气污染物单位产值排放水平仍处于较高水平。2017 年单位地区生产总值二氧化硫、单位地区生产总值氮氧化物、单位地区生产总值烟粉尘排放量分别相当于全国平均水平的 2.94 倍、1.96 倍和 4.27 倍（图 5-4）。

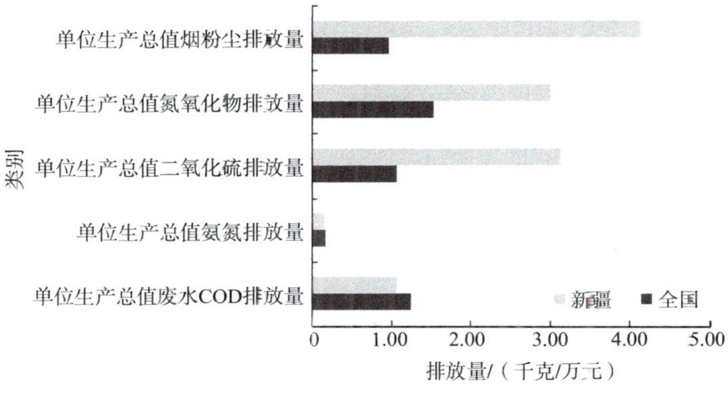

图 5-4　2017 年新疆单位产值污染物排放和全国对比

第三节　能源利用高碳化、碳减排压力大

在新疆能源消费结构中，煤炭长期占据主导地位。2013～2018年，在全国大力进行煤炭消费总量控制、煤炭消费量占比持续下降的大背景下，新疆煤炭消费量仍然以6.4%的年均增长率持续增长，其在能源消费结构中的占比一直持续稳定在66%左右。而且由于新疆是全国重要的煤电基地和煤化工基地，未来一段时间内，新疆煤炭在能源消费结构中的比重可能不会出现明显下降。可再生能源消费量虽然在以年均17%左右的增长率快速增长，但基数太小，在能源消费结构中的比重仍太低，2017年仅11.5%左右。这种高碳化的能源结构导致新疆经济社会活动中排放了大量的二氧化碳。据估算，2017年全区能源消费二氧化碳排放量可占全国总量的4.8%左右，单位地区生产总值碳排放在全国平均水平的3.5倍之上。预测结果显示：如果不采取额外控制措施，新疆能源消费结构一直维持现状，则到2030年碳排放总量可达到6.6亿吨，2050年达到8.7亿吨。但新疆在《新疆维吾尔自治区“十三五”控制温室气体排放工作实施方案》中提出：“科学测算我区碳排放峰值目标，明确达峰路线图，争取在2030年达峰并努力尽早达峰”。若要实现该目标，必须在提升能源利用效率的同时，大幅度进行能源结构优化。一是控制煤炭消费量，到2035年将煤炭占比控制在50%以下，到2050年控制在35%以下；二是提升清洁能源占比，可再生能源占比在2035年达到18%以上，2050年在35%以上。这对于新疆的绿色发展来说，无疑是一项巨大工程，碳排放总量控制也将是未来新疆经济社会发展的重要约束。

第六章　实施能源革命对新疆的推动作用

当前，全球范围内新一轮能源革命正在孕育兴起。推进能源革命，建设清洁低碳、安全高效的能源体系，是党和国家做出的重大决策部署，是落实新发展理念、全面推进生态文明建设、建设美丽中国的重大战略举措。作为我国能源资源富集地区之一，新疆深入贯彻党和国家关于推进能源革命的重大决策部署，在推进能源生产革命、能源消费革命、能源技术革命、能源体制革命、能源合作等方面采取了若干重要政策举措，为新疆实现经济社会高质量发展、推进生态文明建设、建设美丽新疆奠定了良好基础。

第一节　实施能源革命的政策举措

为推进能源革命、实现新疆能源绿色转型发展、带动经济社会高质量发展，近年来，新疆先后制订并发布了系列能源发展相关的政策规划与政策举措（表6-1），包括：《新疆“十三五”能源发展规划》《丝绸之路经济带核心区（新疆）能源规划》《新疆能源综合改革试点实施意见（2018—2020年）》《加快推进电气化新疆工作方案》，以及新疆“十三五”煤炭、电力、可再生能源、石油天然气、石化、煤化工、电网、农村电网、配电网、风电、水电、太阳能发电、地热等专项规划，出台了新疆“十三五”配电网升级改造、电动汽车充电设施、燃煤火电超低排放和节能改造实施方案等。

表6-1　新疆能源革命相关主要政策

序号	发布机构	发布时间	政策名称
1	自治区人民政府	2017年8月	《新疆“十三五”能源发展规划》
2	自治区发展改革委	2018年2月	《丝绸之路经济带核心区（新疆）能源规划》
3	自治区发展改革委、煤管局、能源局	2018年4月	《新疆维吾尔自治区煤炭工业发展“十三五”规划》

续表

序号	发布机构	发布时间	政策名称
4	自治区经信委	2016 年 12 月	《新疆维吾尔自治区石油和化学工业“十三五”发展规划》
5	自治区发展改革委	2017 年 10 月	《新疆维吾尔自治区煤层气（煤矿瓦斯）开发利用“十三五”规划》
6	自治区发展改革委	2017 年 12 月	《新疆维吾尔自治区“十三五”风电发展规划》
7	自治区发展改革委	2017 年 11 月	《新疆维吾尔自治区“十三五”太阳能发电发展规划》
8	自治区发展改革委	2015 年 6 月	《新疆电网“十三五”发展规划》
9	自治区人民政府	2016 年 11 月	《加快推进电气化新疆工作方案》
10	自治区发展改革委	2016 年 9 月	《新疆维吾尔自治区电力体制改革综合试点方案》
11	自治区发展改革委	2018 年 2 月	《新疆能源综合改革试点实施意见（2018—2020 年）》

新疆能源政策规划的核心是“建设三基地一通道、提升四种能力、打造四大中心、争创五大目标”。“建设三基地一通道”是指建设国家大型油气生产加工和储备基地、大型煤炭煤电煤化工基地、大型风电和太阳能发电基地、国家能源资源基地陆上大通道；“提升四种能力”是指提升非常规油气资源勘探开发能力、化石能源集约高效转化能力、能源可持续自适应能力、油气资源引进和煤电外送通道输送能力；“打造四大中心”是指打造区域性能源交易中心、能源装备制造中心、能源工程与技术服务中心、能源技术研发与人才集聚中心；“争创五大目标”是指争创建设现代化能源体系、能源生产和消费革命示范区、能源科技创新排头兵、能源体制改革试验田、能源合作共赢大舞台。

一、煤炭与煤化工产业政策举措要点

新疆出台的煤炭与煤化工产业政策举措主要涉及煤炭资源、煤电及煤化工等方面，有关政策举措要点如下。

煤炭发展重点：以建设国家级大型煤炭基地为重点，以培育大型煤炭企业集团为途径，严格控制新增产能，在充分利用新疆基地现有煤炭产能的基础上，结合已规划电力、现代煤化工项目，根据市场情况合理安排新建煤矿项目；有序退出过剩产能，新疆地区产能小于 30 万吨/年的非机械化开采煤矿有序退出市场；加快淘汰落后产能。

煤电发展重点：优化建设时序，淘汰落后产能，节能减排改造，2020 年前完成新疆生产建设兵团现役 30 万千瓦及以上煤电机组超低排放改造。

煤化工发展重点：规模总量平稳增长；产业链条逐步延伸，初步形成“煤-电-化”“煤-焦-化”“煤炭开采及煤炭分质清洁高效转化”等较完整现代煤化工产业链；聚集发展稳步推进，聚焦五大煤化工升级示范基地；品牌建设不断加强，努力建设“全国煤化工产业示范区”“国家煤制天然气、煤制超清洁油品示范基地”“煤制重要化学品转型升级示范区”“煤炭分质分级综合利用示范区”。

二、石油天然气产业政策举措要点

发展重点：实现新疆地区油田增储上产；加大新疆地区油气资源勘探开发力度；实施油气勘探开发、长输管道和地下储气库重点项目；部署科技创新重点任务；全面深化油气体制改革，持续推进新疆油气勘查开采改革试点，总结和发展新疆地区常规油气、页岩气、致密气勘探开发企地合作、合资混改、引入竞争等创新模式。

三、可再生能源产业政策举措要点

风电发展重点：有序推进大型风电基地建设，加快建设哈密千万千瓦级风电基地，积极推进准东百万千瓦级风电基地建设；加快资源富集区域风电开发，因地制宜开发建设中小型风电项目，加快达坂城、百里风区、塔城、阿勒泰、若羌等百万千瓦级风电基地建设；鼓励分散式接入风电开发，因地制宜推动接入低压配电网的分散式风电开发建设，推动风电与其他分布式能源融合发展；积极开展风能资源多途径利用，积极推进风电清洁供暖（制冷）工程建设，因地制宜开发扬水灌溉示范、风电制氢、风光水火储一体化示范工程，积极推进新能源微电网建设，促进适宜地区的离网型风电发展与应用；打造风电装备制造基地，全力打造以新疆金风科技股份有限公司、华锐风电科技（集团）股份有限公司、中国船舶重工集团海装风电股份有限公司、中国明阳风电集团有限公司等企业为主的风电装备制造基地；加强科技创新能力建设。

太阳能发展重点：大力推进国家大型太阳能发电基地建设，重点打造“两大基地，四大集群”，实施光伏领跑者计划；积极推进分布式光伏发展，支持在适宜地区建设分布式光伏电站，在吐鲁番、阿勒泰等地建设风光水储一体化运行示范工程，积极推动新能源微电网，因地制宜创新各类“光伏+”综合利用商业模式；因地制宜推进太阳能热发电示范工程建设，积极支持不同技术路线太阳能热发电，推动哈密等适宜地区建设太阳能热发电示范项目；大力实施光伏扶贫工程；加快推进技术进步与创新；加强国际国内合作交流。

四、电力产业政策举措要点

电力发展重点：新疆电网以“外送八通道、内供五环网”为建设目标；聚焦重点行业，推动多领域电能替代，涉及工业、建筑、交通运输和旅游、农业等领域；强化电力需求侧管理，满足电能替代需求；探索电能替代项目建设运营新模式；加大科技研发力度，培育产业发展；做好配套电网建设和服务工作。

电力体制改革重点：完成电力市场框架方案设计；完成输配电价核定，基本实现公益性以外的发售电价由市场形成，形成电力市场化定价机制；完成相对独立交易机构的组建和交易平台的建设与运行，明确市场准入标准和交易规则；完善电力直接交易机制，工商业领域电力直接交易全面放开；开展售电业务放开试点，形成发电侧、售电侧主体多元、充分竞争的市场格局；跨省跨区市场化电力直接交易份额进一步扩大，形成运转高效、具有全国竞争力的现代电力市场。

五、能源综合改革试点实施方案要点

新疆能源综合改革试点主要任务包括：一是放宽能源领域市场准入。区分自然垄断业务和竞争性业务，逐步放开竞争性领域，推动投资主体多元化。二是推动管网第三方公平接入。推进输配电网无歧视开放，促进油气管网互联互通。三是促进完善能源价格机制。按照“管住中间、放开两头”的总体思路推进电力、石油和天然气价格改革。四是推进能源市场体系建设。组建电力、煤炭及油气交易机构。五是强化能源监督管理。建立政府制订规划、规划确定目标和布局、市场选择业主的能源资源开发新机制。六是加强政策引导。因地制宜推动实施“电化新疆”“气化新疆”工作。

第二节　能源革命政策举措的实施成效

新疆出台的各项能源政策举措显著推动了新疆地区的经济社会绿色发展，主要体现在推进煤炭行业供给侧改革、发展新能源和可再生能源、全面实施电力体制改革及加强能源基础设施建设等方面。

一、实施供给侧改革，推进能源产业绿色发展

“十三五”时期，新疆全力推进能源行业供给侧结构性改革，化解过剩产能，坚决淘汰产能在 30 万吨/年以下的小煤矿和不能实现机械化开采的煤矿，通过市场化、法治化手段，淘汰一批灾害严重、资源枯竭、技术装备落后、不具备安全生产条件、不符合产业政策的小煤矿，促进能源行业绿色发展。2016～2018 年新疆累计关闭退出煤矿 157 处，化解煤炭过剩产能 1899 万吨/年[①]。煤炭行业结构优化成效显著，煤炭价格和企业效益稳步回升，通过淘汰煤炭落后产能、清理违法违规建设项目等行动，新疆煤炭行业安全生产水平也进一步提升。

① 《能源大区新疆：落后产能“退”　新兴产业“兴”》，http://www.urumqi.gov.cn/sy/zwxx/422690.htm，(2019-04-12) [2020-12-02]。

新疆大力推进机械化、自动化、信息化和智能化建设，推广智能化无人开采技术，用机械化换人、自动化减人。对不能实现机械化开采的生产矿井要予以退出，新建、改扩建煤矿项目不上机械化不予核准。2017年，新疆煤矿采煤机械化程度达到71.7%，掘进装载机械化程度为75.91%，大中型及以上矿井全部实现综采综掘，工作面回采率达85%①。

加快推进新型煤化工项目产业化进程，生产技术突飞猛进，“三污”控制及治理技术取得长足进展。在生态环境、水资源条件允许的前提下，科学发展煤制天然气、煤炭分级分质综合利用项目，有序推进煤制油、煤制烯烃等煤化工项目，全力推进高能效、低煤耗、低水耗，以及实现液态废物近零排放和技术装备自主化的现代煤化工项目，构建以煤炭深加工为核心的循环经济产业链。

二、大力发展可再生能源，培育能源领域新动能

新疆大力发展可再生能源等清洁能源，持续壮大绿色能源产业规模，产生了显著的经济效益和环境效益。国网新疆电力有限公司数据显示，截至2018年底，新疆电网联网运行的发电装机容量8553.5万千瓦，其中风电装机容量1920.1万千瓦、光伏发电装机容量953万千瓦，新能源装机和占比均位居全国前列②。可再生能源发电量不断实现新高，2018年，全区风电发电量360.26亿千瓦时，同比增长15.22%；光伏发电量116.6亿千瓦时，同比增长13.62%③；水电发电量251.42亿千瓦时，同比增长3%④。

新疆采取了一系列可再生能源“内扩外送”举措，加大政府间协议援疆工作力度，积极开展可再生能源跨省跨区现货交易。同时，强化风电、光伏发电建设监测预警机制，进一步采取措施，确保风电、光伏发电弃电量和弃电率实现“双降”。2018年，新疆全年弃风电量106.9亿千瓦时，较2017年减少25.5亿千瓦时，弃风率22.9%，同比下降6.9个百分点；弃光电量21.4亿千瓦时，较2017年减少6.8亿千瓦时，弃光率16%，同比下降6个百分点⑤。

---

①《新疆将全力推进煤炭行业供给侧改革》，http://www.zgkyb.com/yw/20170216_39110.htm，（2017-02-26）[2020-12-02]。

②《新疆2018年风电装机及发电量简况》，http://www.chinapower.com.cn/bigdatayear/20190212/1265554.html，（2019-02-12）[2020-12-02]；《2018年光伏发电统计信息》，http://www.nea.gov.cn/2019-03/19/c_137907428.htm，（2019-03-19）[2020-12-02]。

③《光伏116.6亿千瓦时，风电360.26亿千瓦时！新疆新能源发电量增长弃风弃光率实现双降》，https://www.in-en.com/article/html/energy-2277155.shtml，（2019-01-30）[2020-12-02]。

④ 资料来源：《中国能源统计年鉴2019》。

⑤《2018年风电并网运行情况》，http://www.nea.gov.cn/2019-01/28/c_137780779.htm，（2019-01-28）[2020-12-02]；《2018年光伏发电统计信息》，http://www.nea.gov.cn/2019-03/19/c_137907428.htm，（2019-03-19）[2020-12-02]。

三、全面实施体制改革，保障能源产业健康发展

新疆持续推进电力体制改革，启动输配电价改革，并于 2016 年成立了电力交易中心，这不仅降低了相关工商企业电价成本，而且促进了新能源消纳和节能减排。2018 年，市场化交易电量达到 465.2 亿千瓦时，约占疆内售电量的 41%，占比增加 8 个百分点。

2018 年，新疆地区扩大了大用户直接交易、燃煤自备电厂与新能源调峰替代交易、火电企业发电权替代交易三种市场化交易规模。其中，大用户直接交易达到 292 亿千瓦时，受益于大用户直接交易，相关企业用电可降低约 0.1 元/千瓦时。同其他省份相比，新疆创新性地将新能源和火电打捆进行大用户直接交易，直接消纳新能源 21.4 亿千瓦时，进一步降低了电价。为促进节能减排和改善环境，新疆通过关停机组发电权替代交易和在役机组发电权替代交易，让节能高效的大火电机组替代小机组发电，2018 年这两种市场化交易电量共计达 87.8 亿千瓦时[①]。

新疆正开展“一个中心”（油气现货交易）、两大重点（一站式通关服务，分布式交割系统）、三大体系（金融配套、仓储物流、信息服务）建设，这将提升新疆优势资源转化能力，催生金融中心，完善国家能源通道，推动新疆先进的技术、装备及石油石化产品走出去。

四、加强能源基础设施建设，提升能源产业发展质量

能源基础设施建设为新疆发展添动力，应加大力度推进“三基地一通道”建设，加快煤化工项目、可再生能源项目建设，并强化骨干电网网架。例如，新疆水电项目已取得重大突破，核准批复了阜康抽水蓄能电站，该项目的建设对扩大新能源消纳、优化电源结构、增加电网调峰能力具有重要意义。“西气东输”四线已经开建，它是完善西北天然气战略通道的重要组成部分。“疆电外送”再添新成员，准东—皖南±1100 千伏特高压直流输电工程投运。新疆作为国家能源陆上安全大通道已初步形成了石油、天然气、煤炭、电力、可再生能源等全面发展的能源体系，成为国家重要的能源基地。

为进一步发展能源基础设施建设，2018 年 11 月，新疆出台了《自治区关于深化能源领域基础设施投融资体制改革的指导意见》，该意见提出，通过进一步巩固企业投资主体地位，取消部分审批手续，简化部分审批手续，下放部分审批、验收管理权限，实行能源投资项目管理负面清单制度，建立能源投资项目管理权责清单制度，优化能源项目审批监管流程，加强能源企业投资行为事中事后监管

---

① 《新疆推进电力体制改革 市场化交易电量逾 465 亿千瓦时》，http://www.xinhuanet.com/2019-03/16/c_1124242865.htm，（2019-03-16）[2020-12-02]。

等举措，充分激发新疆全区社会资本参与能源开发建设。

第三节　能源革命改策举措对新疆的推动作用

从前面的分析可以看出，新疆能源革命行动的实施首先是推动新疆能源产业科技的清洁低碳、安全高效发展，进而推动新疆的经济社会发展和生态环境的改善，主要表现在以下方面。

一、推动新疆经济发展方式转变

推动能源消费革命可加快新疆经济转型发展，促使经济迈向更高质量发展阶段。一是可推动新疆经济发展与能源消费逐步脱钩。2013～2017年，新疆能源消费弹性系数由1.88下降至0.88，到2035年预计下降至0.23，到2050年可下降为负值，经济发展与能源消费进入强脱钩阶段（图6-1）。二是可推动新疆经济向高效转型发展。2013～2018年，新疆单位地区生产总值能耗不断下降，由2013年的1.80吨标准煤/万元降至2018年的1.59吨标准煤/万元，累计下降11.67%。如果未来深入推进能源革命，据估算，到2050年，新疆单位地区生产总值能耗可降至0.55吨标准煤/万元，较基准情景下降20%左右（图6-2）。三是能源革命推动新疆经济绿色低碳转型发展。主要是通过淘汰落后产能、控制煤炭消费总量和消费强度、大力发展可再生能源等绿色能源等措施实现产业结构调整，来推动新疆经济绿色发展。到2035年，单位地区生产总值碳排放强度可较2017年下降60%左右，2050年可较2017年下降80%左右，人均碳排放降至10吨。

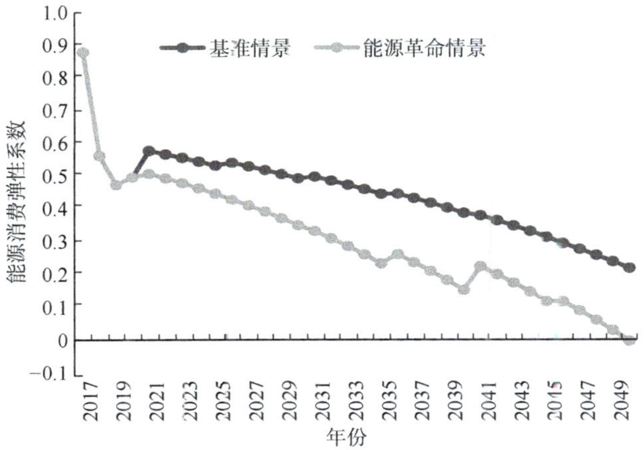

图6-1　新疆能源消费弹性系数预测

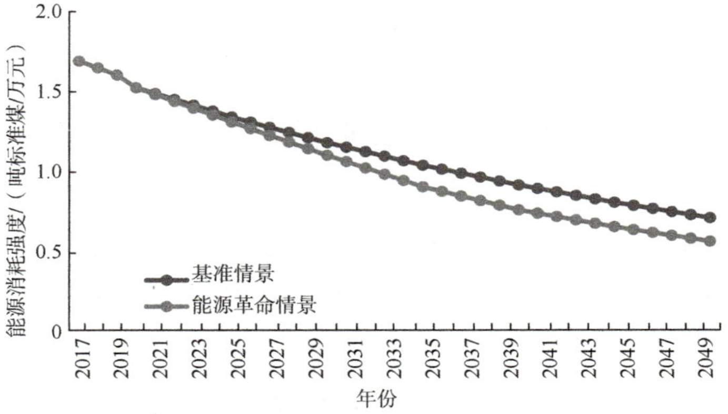

图 6-2　新疆能源消费强度预测

（一）推动新疆能源生产结构转型

在能源供给革命的推动下，未来新疆能源供给模式可描述为：建立多元供应体系，推进煤炭清洁高效利用，着力发展非煤能源，形成煤、油、气、可再生能源多轮驱动的能源供应体系，同步加强能源输配网络和储能设施建设。

在能源革命情景下，一次能源供给结构中化石能源占比逐年减少，非化石能源逐步取代石油、煤炭成为第一大能源。其中，煤炭生产量大幅降低，2050 年煤炭生产占比仅为 20%；石油生产量逐渐降低，生产占比由 2035 年的 10%下降到 2050 年的 5%；天然气作为清洁能源，中期发展迅速，2035 年生产占比达到 25%，此后基本保持稳定；非化石能源大幅增加，2035 年，非化石能源生产比重达到 30%，成为仅次于煤炭的第二大能源，2050 年，非化石能源生产比重接近 60%，成为第一大能源（图 6-3）。

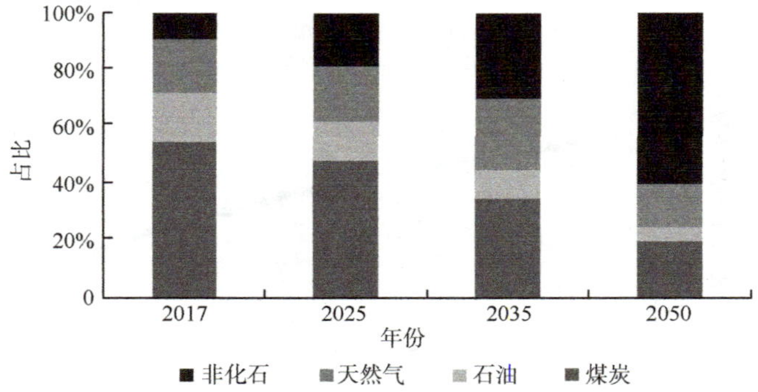

图 6-3　新疆能源供给结构变化趋势

在电力供给结构中，以风电、太阳能、生物质能为主的可再生能源高比例发展，2035 年，非化石能源发电量占比将提高到 60%，超越化石能源发电装机成为主力电源；2050 年，非化石能源发电装机占比将提高到 85%以上，电量占比提高到 75%。新疆非化石能源发电结构变化趋势如图 6-4 所示。另外，煤炭在终端能源供应中的比例显著降低，同时煤电装机容量有所上升，说明能源供给革命推进了煤炭由直接利用转换为以电为主的二次能源，以实现煤炭的高效清洁利用。

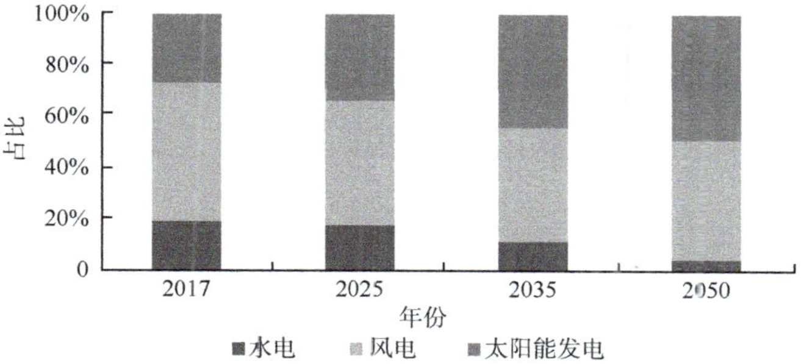

图 6-4 新疆非化石能源发电结构变化趋势

（二）推动新疆能源消费结构转型

推动能源消费革命，可促使新疆更快实现能源消费转型发展，建立新型的能源消费体系。一是推动能源消费结构向清洁化、低碳化转变。2017 年，新疆天然气、可再生能源在能源消费中分别占比 8.8%和 10.05%，在能源革命情景下 2035 年可增至 18%和 25%，2050 年可增至 20%和 35%（图 6-5），与此同时，煤炭、石油占比分别为 35%和 10%。二是推动能源消费向多元化转变。2017 年能源消费仍以煤炭为主，占比可达 66%。在能源革命推动下，天然气、可再生能源比重逐步提升，到 2050 年新疆能源结构由煤炭“一统天下”的状态转变为煤炭、天然气、可再生能源“三足鼎立”的状态（图 6-6）。三是推动能源消费向智能化转型。随着能源科技革命进程的推进，智能电网加快发展，分布式智能供能系统深入应用，新能源汽车推广进程加快，新疆能源消费智能化水平逐步提升。

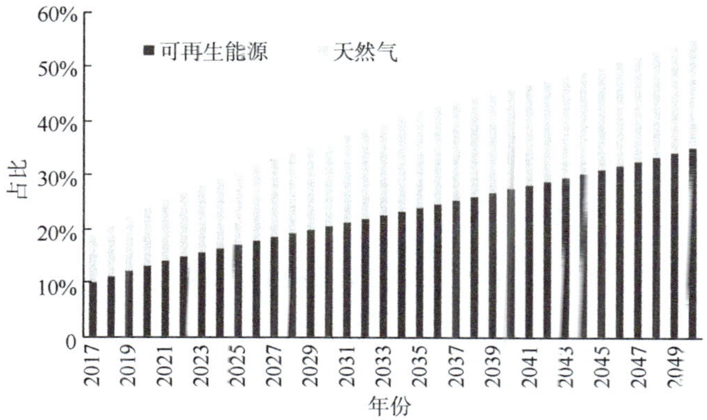

图 6-5 能源革命情景下新疆清洁能源占比预测

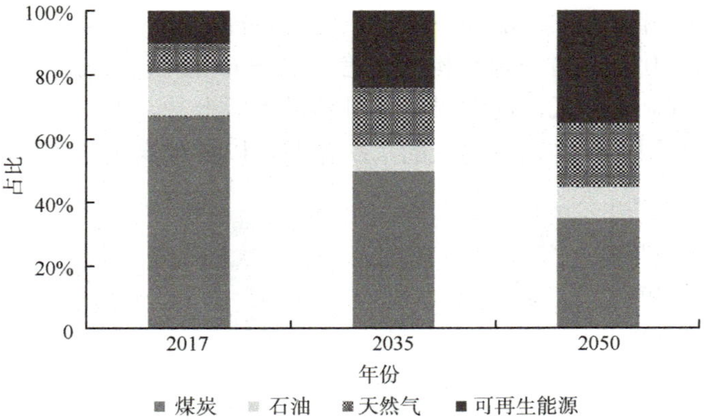

图 6-6　能源革命情景下新疆能源消费结构占比预测

二、推动新疆环境问题不断改善

能源革命可推动能源生产过程绿色化、能源消费结构清洁化、能源利用技术高效化，促进能源生产和消费排放更少的污染物，逐步改善历史遗留的环境问题。以大气环境改善为例，新疆 PM_{10} 年均浓度由 2013 年的 137 毫克/米 ^{3} 降至 2018 年的 99 毫克/米 ^{3}，单位地区生产总值碳排放强度 5 年累计下降 16%左右。如果持续深入推进能源革命，据预测，到 2030 年，新疆单位地区生产总值碳排放强度可降至 2018 年的 50%左右，2050 年可降至 2018 年的 20%左右。推进能源革命还可改变二氧化碳排放轨迹，助力新疆实现在 2030 年左右碳排放达峰的目标，较基准情景提前 20 年以上（图 6-7）。

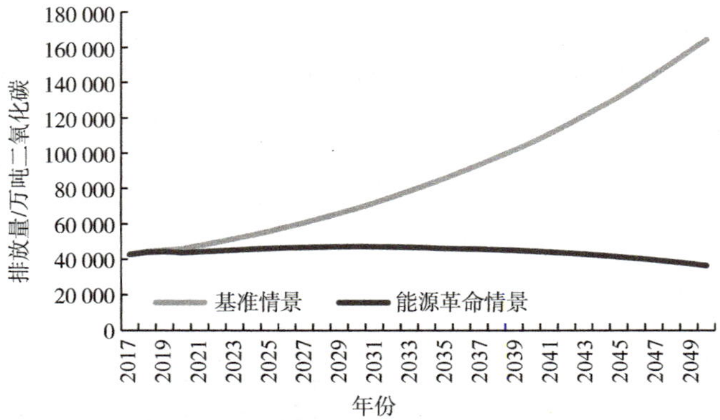

图 6-7　新疆二氧化碳排放预测

第七章　新疆能源绿色发展战略建议

第一节　发 展 定 位

充分发挥新疆能源开发利用的资源优势、区位优势和后发优势，以保障国家能源安全、实现区域能源产业和经济社会高质量发展为核心目标，以破解区域能源发展面临的突出问题为根本着力点，加快推进能源革命，构建清洁低碳、安全高效的能源体系，在国家推进能源革命战略行动中，争建国家能源重要保障基地、全国大型能源化工基地、国家陆上能源内联外引大通道。

一、国家能源重要保障基地

充分发挥新疆煤炭、石油、天然气、风能和太阳能资源丰富的优势，打造国家能源安全供应体系，重点推进“三基地”建设，保障国家能源安全。

二、全国大型能源化工基地

坚持需求导向，以构建国家级能源安全供应体系、保障国家能源安全为基本出发点，以实现资源绿色开发、过程清洁高效、产品高端多元、产业高质量发展为目标，以加快推进“三基地”建设为主要任务，打造国家大型石油化工基地、国家现代煤化工基地，实现石油、天然气和煤炭产业链的延伸与高端化。

三、国家陆上能源内联外引大通道

充分发挥新疆的资源优势和区位优势，加快构建国家级陆上能源内联外引大通道。一是面向国内地区尤其是中西部地区的能源消费需求，充分发挥新疆能源资源优势，加快推进与扩大“疆煤外运、疆油疆气外输、疆电外送”等内联能源大通道建设；二是面向保障国家油气资源安全需求，充分利用“一带一路”沿线国家丰富的油气资源，充分发挥新疆丝绸之路经济带核心区的区位优势，加快建设与“一带一路”沿线及周边国家能源基础设施的互联互通，打造“一带一路”能源陆上大通道。

第二节　发 展 目 标

按照推动绿色发展要求，综合考虑新疆的经济社会发展需求、能源供应潜力和生态环境约束，基于现有可预期的政策及技术条件，提出新疆能源生产和消费的目标如下（具体见表 7-1 和表 7-2）：到 2035 年，新疆能源生产总量达到 3.9 亿吨标准煤，消费总量控制在 2.5 亿吨标准煤左右；能源生产和消费结构进一步优化，非化石能源生产和消费比重均达到 20%以上，单位地区生产总值能耗下降到 0.9 吨标准煤/万元。到 2050 年，新疆能源生产总量达到 4.5 亿吨标准煤，消费总量控制在 2.8 亿吨标准煤左右；能源生产和消费结构显著优化，非化石能源生产和消费比重均达到 30%以上，单位地区生产总值能耗下降到 0.6 吨标准煤/万元。

表 7-1　新疆未来能源生产目标

类别	2017 年		2025 年		2035 年		2050 年	
	产量/亿吨标准煤	比例	产量/亿吨标准煤	比例	产量/亿吨标准煤	比例	产量/亿吨标准煤	比例
总量	2.2	100%	3.1	100%	3.9	100%	4.5	100%
化石能源	2.0	90.7%	2.7	86.7%	2.7	70.0%	2.5	55.0%
非化石能源	0.2	9.3%	0.4	13.3%	1.2	30.0%	2.0	45.0%

表 7-2　新疆未来能源消费目标

类别	2017 年		2025 年		2035 年		2050 年	
	消费量	比例	消费量	比例	消费量	比例	消费量	比例
总量	1.7 亿吨标准煤	100%	2.2 亿吨标准煤	100%	2.5 亿吨标准煤	100%	2.8 亿吨标准煤	100%
化石能源	1.5 亿吨标准煤	88.5%	1.8 亿吨标准煤	84.0%	1.9 亿吨标准煤	75.0%	1.8 亿吨标准煤	66.0%
非化石能源	0.2 亿吨标准煤	11.5%	0.4 亿吨标准煤	16.0%	0.6 亿吨标准煤	25.0%	1.0 亿吨标准煤	34.0%
能源消费强度/（吨标准煤/万元）	1.7		1.3		0.9		0.6	

第三节　发 展 路 径

聚焦新疆能源创新发展、协调发展、绿色发展，统筹规划新疆能源科学发展布局、大幅提高煤炭科学产能与清洁高效利用水平、科学有序发展非化石能源、大力推进能源开发利用与生态环境协调发展，支撑区域经济社会绿色可持续发展。

一、统筹规划新疆能源科学发展布局

按照“基地化、集群化、因地制宜”的发展原则，综合考虑区域资源禀赋、分布特征和发展条件，统筹规划新疆能源科学发展布局。重点围绕五大煤田、三大油田、九大风区、四大太阳能丰富区、九大流域进行区域布局，打造吐哈、准东、伊犁、库拜、塔城、喀什等六大能源供应基地（表 7-3）。

表 7-3　六大能源供应基地情况与特点

名称	地理位置	主要能源	基地类型	市场定位
吐哈	吐鲁番地区 哈密地区	煤炭 风能 太阳能	外运煤基地 风电太阳能基地	国内市场
准东	昌吉回族自治州	煤炭 油气 风能 太阳能	自用煤基地 煤电基地 煤化工基地 油气基地 风电太阳能基地	国内市场
伊犁	伊犁哈萨克自治州	煤炭 水能	煤电基地 煤化工基地 水电基地	国外市场
库拜	阿克苏地区	煤炭 水能 太阳能	自用煤基地 煤电基地 水电太阳能基地	区内市场
塔城	塔城地区	油气 风能 太阳能	油气基地 风电太阳能基地	国内市场
喀什	喀什地区	煤炭 油气	炼化一体化基地 能源和原材料多元化供应基地	国外市场

同时，坚持“输煤、输油、输气、输电”并举的战略思路，结合能源资源开发和转化利用基地建设，统筹区域煤炭、电力、天然气、油品、化学品调运布局，优化输煤通道建设，加快输电工程建设，稳步推进输油输气管道工程建设。

二、大幅提升煤炭科学产能与清洁高效利用水平

推进煤炭生产与消费革命，着力提升煤炭科学产能与清洁高效利用水平，构建清洁低碳、安全高效的煤炭体系。一是大幅提升煤炭科学产能水平，构建煤炭科学产能体系。重点是加大煤炭去产能力度，坚决淘汰落后产能；有序增加煤炭产能，全部新增产能符合科学产能要求；发展煤炭安全高效智能化开采技术与装

备，推进智慧矿山建设。二是大力发展先进煤炭清洁高效利用技术。重点发展煤炭分级分质利用新技术、新一代超低排放高效煤电技术、高端煤化工技术、煤油共炼等多能耦合技术等。三是科学发展现代煤炭产业。着力推进煤炭产业基地化发展，重点是建设大型化、集约化的煤电煤化工基地，有序发展煤电产业，科学发展煤制气、煤制油、煤制烯烃、煤制醇等现代煤化工产业。

三、科学有序发展非化石能源

坚持统筹规划、稳步推进、协调发展，综合考虑资源分布、技术基础和市场消纳，科学发展风能和太阳能，有序发展水能，适度发展生物质能源和地热能。一是科学发展风能发电。重点是：①在新疆达坂城、阿拉山口、三塘湖-淖毛湖、哈密东南部、塔城老风口等九大风能资源丰富地区，加快新建若干百万千瓦级以上大型风能发电基地；②在其他风能资源较丰富地区，因地制宜地建设中小型风能发电项目；③多措并举、内外联动扩大风电消纳能力，解决严重的“弃风”问题。二是科学发展太阳能发电。重点是：①在哈密、南疆、塔城、准噶尔盆地中部等太阳能丰富地区，建设大型太阳能热发电和光伏发电基地；②在其他太阳能较丰富地区，因地制宜地发展分布式太阳能光热和光电利用；③多措并举扩大疆内疆外太阳能电力消纳能力，解决严重的“弃光”问题。三是有序发展水电。重点是在伊犁河、开都河、额尔齐斯河、叶尔羌河等水资源较丰富区域，有序推进水电发展。四是适度发展生物质能源和地热能。重点是：①在塔城、喀什、阿克苏等生物质能资源较丰富地区，因地制宜地发展生物质发电、生物天然气和生物液体燃料等生物质能源；②在阿勒泰、伊犁、博州、塔城、喀什、克州等地热资源较丰富地区，适度发展地热供暖和地热发电。

四、大力推进能源开发利用与生态环境协调发展

坚持“生态优先、绿色开发、清洁利用”的基本原则，将生态环境保护理念贯穿始终，以事前预防为主、事后修复为辅，大力推进新疆能源开发利用与生态环境的协调发展。一是推行“以水定产、量水而行”的能源开发利用方式。重点根据区域实际水资源承载力对重大能源开发利用基地进行评估调整，新上项目必须通过取水许可评估，单位产品水耗严格控制在国际国内同行业先进水平；推动综合节水工程建设，稳步推动工业用水空间置换，提高水资源利用效率。到2035年，吨煤开采平均耗水量控制在0.3吨以内，吨油开采耗水量控制在1吨以内；吨煤制甲醇平均耗水量降至7吨，吨煤制烯烃平均耗水量降至15吨，吨煤制油平均耗水量降至5吨。二是坚持以环境承载力定产。制订能源行业环境保护行动计划，实施比国家更严的环境标准。火电行业大气主要污染物全部实施“超低排放”

标准，现役 30 万千瓦以上机组完成提标改造，新建火电机组按照超低排放要求建设；坚持“以水定污”的原则，能源开采利用的废水必须在满足区域水环境容量和纳污能力的条件下再进行达标排放。严守生态底线，在生态脆弱地区坚持“点上开发、面上保护”“开发一点、保护一片”的原则，在自然保护区、地质遗迹、国家公园等地区，能源开发活动逐步退出。

第四节　政 策 建 议

一、从国家层面系统谋划能源富集地区能源发展战略

新疆等我国能源富集地区的能源发展不仅关系区域经济社会发展，而且事关国家能源安全和经济社会发展全局。建议从国家层面，围绕“两个一百年”奋斗目标，系统谋划能源富集地区未来能源发展总体战略，研究制订能源富集地区至 2050 年能源中长期发展专门规划和发展路线图，实施能源富集地区能源革命行动计划，从政策层面支持能源富集地区能源改革创新发展，加快推进能源富集地区能源革命和清洁低碳、安全高效的能源体系构建，支撑能源富集地区绿色发展、高质量发展。

二、设立能源革命综合试验区

新疆不仅能源资源丰富，而且能源种类相当齐全，这使得新疆能源开发利用几乎涵盖陆上能源开发利用的方方面面，既面临诸多共性难题（如煤炭清洁高效利用问题），也存在不少个性挑战（如严重的“弃风、弃光”问题）。在新疆设立能源革命综合试验区，不仅会极大地促进新疆能源高质量全面发展，而且可为国内省区市，特别是能源富集地区提供示范参考与经验借鉴。试验区的主要任务是：建设能源生产革命试验区，探索科学产能、智能生产和多能协同开发、融合发展新模式；建设能源消费革命试验区，探索科学用能、智慧用能、结构优化和绿色消费新途径；建设能源技术革命试验区，探索培育新技术、新产业、新模式和新业态等能源发展新动能，加快新技术的应用突破；建设能源体制革命试验区，探索市场、财税、土地等多方面的综合体制机制改革；建设国际能源合作试验区，探索国际能源合作新机制、新模式、新途径，打造“一带一路”国际能源合作中心。

三、建设多能融合发展试验区

我国现有能源体系中，煤炭、石油、天然气、可再生能源等各子系统相对独立，且存在结构性矛盾，难以集成各子系统优势形成全系统的综合优势。在新疆建设多能融合发展试验区，旨在发展变革性能源新技术，构建多能协同、融合发展的能源发展新体系。试验区的主要任务是：发展化石能源清洁高效利用与耦合替代技术，实现高碳能源绿色低碳转型发展；发展清洁能源多能互补与规模应用技术，形成以储能为枢纽的多能互补体系；创新驱动低碳化多能战略融合，实现各种能源的互补、耦合利用。

四、建设可再生能源综合示范区

新疆可再生能源资源总量丰富、分布集中，具备建设高比例可再生能源综合示范区的物质基础。综合示范区的主要任务有：一是加快打造大型的国家可再生能源发电基地。加快新疆风电、太阳能发电、水电开发，到2030年，新疆可再生能源发电装机容量在现有基础上翻两番，发电量占新疆全部发电量的比例翻一番。二是打造高比例可再生能源综合利用示范区。在吐鲁番、哈密、达坂城等可再生能源丰富地区，建设高比例的风、光、水等可再生能源多能互补及综合利用示范区，大幅提升当地可再生能源的消纳能力，有效解决新疆严重的“弃风、弃光”问题。三是建设国际可再生能源自由贸易区。面向“一带一路”国际能源合作，建立可再生能源交易中心、清洁能源碳交易中心、清洁能源知识产权交易中心等，开展与“一带一路”沿线及周边国家的可再生能源自由贸易。

五、建设能源大数据综合示范区

党的十九大报告提出：建设“网络强国”“数字中国”“智慧社会”，“推动互联网、大数据、人工智能和实体经济深度融合”[①]。能源是国家和区域经济发展的命脉，其与互联网、大数据、人工智能的深度融合与智慧化发展既是大势所趋，也势在必行。在新疆建设能源大数据综合示范区，旨在贯彻落实党的十九大精神、能源革命战略、国家大数据战略及“一带一路”倡议，培育新疆能源发展新动能，推动新疆实现能源产业数字化、能源数据产业化，为国内其他省区市提供经验借鉴。示范区的主要任务有：一是开展能源产业全面数字化工作试点，加快新疆能源产业智慧化发展；二是探索能源大数据安全共享新机制，实现新疆能源大数据

① 《习近平：决胜全面建成小康社会　夺取新时代中国特色社会主义伟大胜利——在中国共产党第十九次全国代表大会上的报告》，http://www.xinhuanet.com/2017-10/27/c_1121867529.htm，（2017-10-27）[2020-12-02]。

全域集成与安全共享；三是开展面向政府决策、科技创新、产业发展和创新创业的能源大数据创新应用，探索能源的智慧管理、智能生产、网上交易等新模式、新业态；四是建设“一带一路”能源合作大数据平台，开展国际化服务应用，助力新疆能源国际化发展。

六、建立国家碳中和先行示范区

根据2020年9月22日习近平在第七十五届联合国大会一般性辩论上提出的“中国将提高国家自主贡献力度，采取更加有力的政策和措施，二氧化碳排放力争于2030年前达到峰值，努力争取2060年前实现碳中和”①，综合考虑新疆资源禀赋及经济、能源、环境发展水平，建议新疆打造国家碳中和先行示范区，系统谋划全区未来低碳发展总体战略，研究制订碳中和愿景规划及路线图，实施碳达峰与碳中和行动计划，打造能源资源丰富、经济相对落后区域低碳发展样板，支撑全国碳中和目标的实现。

① 《习近平在第七十五届联合国大会一般性辩论上的讲话（全文）》，http://www.qstheory.cn/yaowen/2020-09/22/c_1126527766.htm，（2020-09-22）[2020-12-02]。

第二篇

“金三角”篇

第八章　能源“金三角”地区社会经济、生态环境及能源产业结构概况

第一节　区域地理位置概况

能源“金三角”地区，即我国宁夏宁东、内蒙古鄂尔多斯、陕西榆林地处鄂尔多斯盆地，在地理上构成一个几何“三角”地带，该地带具有丰富的石油、煤炭、天然气等资源，是全国罕见的能源富集区。能源“金三角”地区位于我国内陆腹心和西部前缘，居于欧亚大陆桥中枢位置，总面积约 13.32 万平方千米。其中面积最大的是鄂尔多斯，为 86 752 平方千米，面积最小的是宁夏宁东，只有 3484 平方千米。

第二节　区域社会经济概况

宁夏宁东、内蒙古鄂尔多斯及陕西榆林分属宁夏回族自治区、内蒙古自治区、陕西省，能源“金三角”地区是汉族、回族、满族、蒙古族等多民族聚居区，2017 年，全区总人口 571.20 万人，其中少数民族人口约占 10%。鄂尔多斯常住人口 206.87 万人，近 1/10 是蒙古族，宁东常住人口 24 万人，近 1/5 是回族，榆林常住人口最多，为 340.33 万人，主要是汉族。能源“金三角”地区基本情况见表 8-1。

表 8-1　能源“金三角”地区基本情况（2017 年）

行政区域	相对位置	包括县市（区）	面积/千米^2	常住人口/万人
宁东	宁夏中部 银川东南部	灵武市、盐池县、同心县、红寺堡开发区	3 484	24
鄂尔多斯	内蒙古西南部	东胜区、达拉特旗、准格尔旗、鄂托克前旗、鄂托克旗、杭锦旗、乌审旗、伊金霍洛旗	86 752	206.87

续表

行政区域	相对位置	包括县市（区）	面积/千米²	常住人口/万人
榆林	陕西最北部	榆阳区、神木市、府谷县、定边县、靖边县、横山区、绥德县、米脂县、佳县、吴堡县、清涧县、子洲县	42 920	340.33
合计	—	—	133 156	571.20

资料来源：三地区国民经济和社会发展统计公报（2017 年）

2000 年以来，随着西部大开发战略的实施进行和全球能源需求的快速增长，能源“金三角”地区经济总量实现了跨越式的发展。2018 年能源“金三角”地区生产总值为 9513.30 亿元，是 2006 年的 5.4 倍，年均增速远远超过全国 10%左右的平均水平，见图 8-1。三个地区生产总值变化见图 8-2。随着经济快速发展，能源“金三角”地区居民收入快速增加，百姓生活得到了大幅度改善，人均地区生产总值由 2006 年的 2.66 万元增加到 2018 年的 12.68 万元，增长超过 3 倍，如图 8-3 所示。

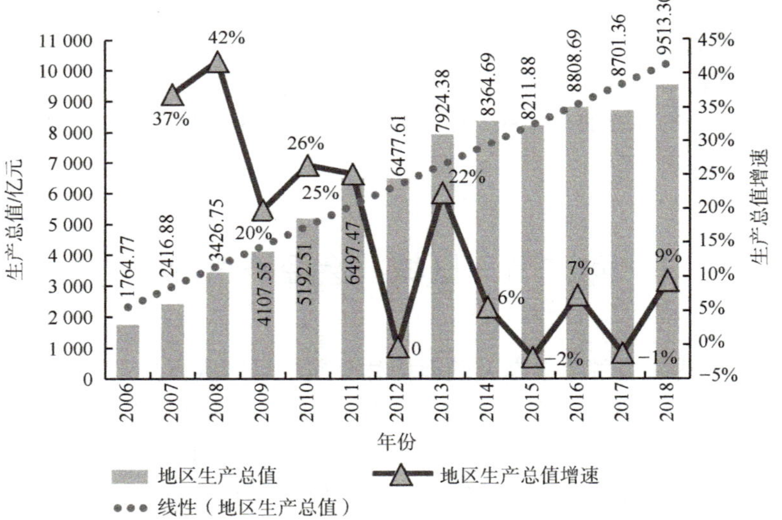

图 8-1　2006～2018 年能源“金三角”地区生产总值图

在宁东、鄂尔多斯、榆林三个行政区中，地区生产总值规模相对较大的是榆林和鄂尔多斯，2018 年分别为 3848.62 亿元和 3763.20 亿元，最小的是宁东，2018 年为 1901.48 亿元；人均地区生产总值最高的是鄂尔多斯，2018 年约为 18.2 万元，为榆林的 1.6 倍、宁东的 2.1 倍；城镇居民人均可支配收入从高到低排名为鄂尔多斯、宁东和榆林，鄂尔多斯约为榆林的 1.5 倍、宁东的 1.3 倍；农民人均纯收入从高到低排名为鄂尔多斯、宁东和榆林，如表 8-2 所示。

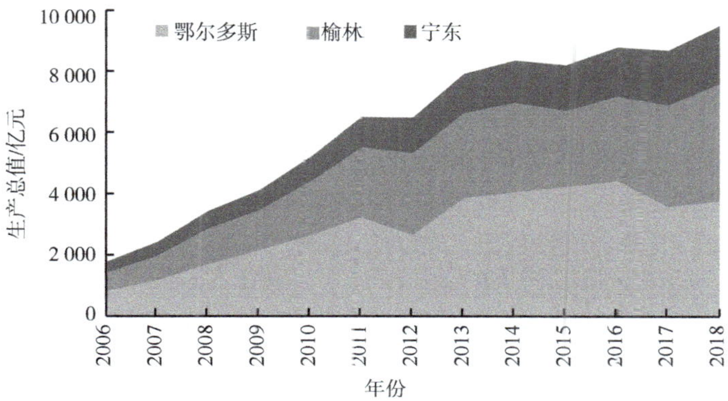

图 8-2　2006～2018 年能源“金三角”地区生产总值变化图

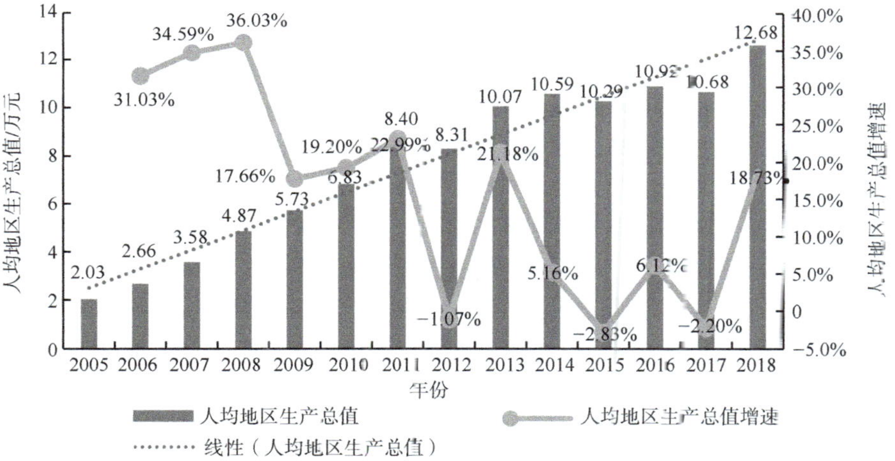

图 8-3　2005～2018 年能源“金三角”地区人均地区生产总值变化图

表 8-2　2018 年宁东、鄂尔多斯、榆林经济社会基本情况比较

地区名称	地区生产总值/亿元	人均地区生产总值/元	城镇居民人均可支配收入/元	农民人均纯收入/元
宁东	1 901.48	85 268	35 586	14 160
鄂尔多斯	3 763.20	181 911	46 834	18 289
榆林	3 848.62	1[illegible]3 195	31 317	12 034
合计	9 513.30			

综上所述，能源“金三角”地区从国家西部大开发战略实施以后，经济总量实现了飞跃式的发展，该地区生产总值在 2018 年总量达到 9513.3 亿元，是 2005 年生产总值总量的 5.4 倍，经济增速远高于全国 10%左右的平均水平。该区域的快速发展也为区域内人民收入的提高提供着重要的保障，大大提高了区域内居民的可支配收入。

第三节　区域生态环境概况

21世纪以来，工业革命极大地改变了人类的生产生活方式，极大地促进了人类社会经济的快速发展，但这种能源资源“高消耗、高排放、高污染”的发展方式也相应引起了很多全球性问题，如人口膨胀、环境污染、生态破坏和资源危机等。这就使得传统发展模式严重制约着当今人类社会持续高效发展，人类走绿色可持续发展之路已经刻不容缓。绿色可持续发展是人类社会发展的一种新的理想境界和必然趋势，其目标是实现人类社会“高效、绿色、可持续发展”。但是随着人类发展进程的推进，不到一个世纪的时间，人类的现代生产、生活方式和传统的社会发展模式就改变了地球生态环境，人类在改造自然的同时也给自然生态环境造成了一定程度的破坏，产生了各种严重的环境问题。

面对当今全球的环境问题，人们进行了全面深刻的反思和长期的探索，慢慢意识到以资源高度消耗和环境损害为代价的一味片面追求经济高速增长的传统发展模式已无法适应当代和未来发展的需求，人类必须寻求一条社会、经济、环境和资源相互协调的绿色发展道路。绿色可持续发展强调人类社会与自然环境建立起一种和谐的协同关系，既要保证经济的增长，不断满足当代人们日益增长的物质文化和生活质量的需求，又要不超过自然环境资源和生态环境的承载能力，以保证人类未来的生存环境不受威胁。建立这种和谐关系的目的是保持人类社会、经济、自然环境和自然资源绿色、协调、可持续发展。在这个因为发展而产生了重重危机的时代，人类没有及时意识到社会经济发展与生态环境间协同发展的规律，从而使社会发展和生态环境产生逐渐严重的对立，导致生态环境被破坏，传统发展观下的资源、人口、社会和生态环境等问题给区域、国家乃至世界都带来了严峻的挑战和威胁，因此，人类走绿色可持续发展之路已然迫在眉睫。

能源“金三角”地区处于鄂尔多斯盆地上，鄂尔多斯盆地是一个大型多旋回克拉通盆地，整体升序、坳陷迁移、构造简单，东高西低，变化平缓，北起阴山、大青山，南抵秦岭，西至贺兰山、六盘山，东达吕梁山、太行山。鄂尔多斯和榆林位于盆地中心地带，且地层连续性好；银川宁东能源化工基地位于盆地的西缘，单斜背景之上叠加宽缓复式褶皱和断层，地貌地质构造相对复杂。

该地区的气候属内陆半干旱气候，多年平均降水量都在400毫米以下，但年蒸发量却在2000毫米以上，且不易存留；区域内有两大著名的沙漠——毛乌素沙漠和库布齐沙漠，毛乌素沙漠位于鄂尔多斯南部，大约占鄂尔多斯全市29.01%的总土地面积。区域地势平坦，沙丘与甸子相结合，梁地和滩地相结合，地下水位相对较浅。地区可利用的水资源的总量为41.8亿米^3/年，人均842米^3/年，水资源相当匮乏，属重度贫水地区。该地区地面水的缺乏导致地下水成为支撑其生产和生活的主要水源，但由于该地区能源化工业、农业和生活用水对地下水的无节制需求及无规划的开采，地区地下水也面临枯竭的危险。同时由于自然条件恶劣，区域内水资源开发的潜力也很小，基于这样的水资源条件背景，加上能源资源开采利用及相应化工业加工利用对水量利用的增加，导致对能源"金三角"地区水生态环境产生了极其不良的影响。

由于鄂尔多斯盆地气候较为干旱，且土质疏松不利于植被的生长，区域植被覆盖率特别低，生态环境极其脆弱，水土流失严重，2018 年沙漠化土地面积占总面积的 52%；区域森林覆盖率仅为 12.17%，西部沙丘、沙地广布，东部沟壑、梁峁发育，是我国典型的生态环境脆弱区。

综上所述，能源"金三角"地区的发展受限于脆弱的生态环境，而制约生态环境的关键环境因素是水资源的不足。能源"金三角"地区要绿色发展首先要解决的就是生态环境的制约，而解决制约的关键点是水资源的高效利用和保护。我国正在进行的能源革命，在该区域的突出体现之一就是能源行业发展与生态环境的协调、可持续发展，真正贯彻"既要绿水青山，也要金山银山"的理念。

第四节　区域能源产业结构概况

能源"金三角"地区以重化工业为主，呈现出典型的资源驱动发展特征。在宁东、鄂尔多斯、榆林三个地区中，榆林的第二产业占比最大，2018 年为 62.82%，比全国高出 22 个百分点；其次是鄂尔多斯，2018 年为 52.33%；宁东第二产业比重最低，2018 年为 45.61%，但仍然比全国平均水平高出 5 个百分点，如图 8-4 所示。

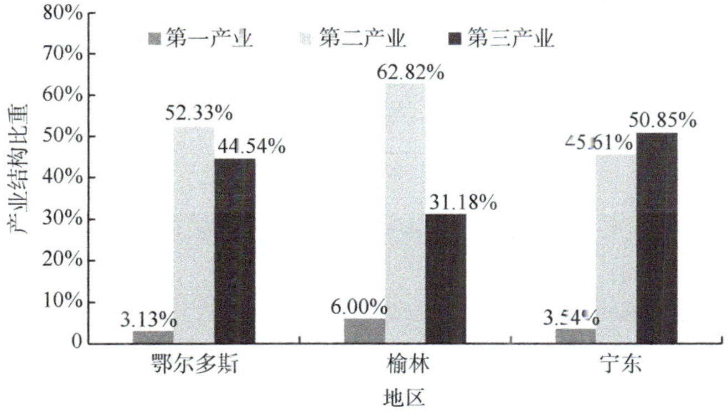

图 8-4　2018 年能源"金三角"地区产业结构对比

2018 年能源"金三角"地区三次产业结构比例为 4.37∶55.23∶40.40，与全国的 7.19∶40.65∶52.16 相比，第二产业比重高出约 15 个百分点，第三产业比重明显偏低，见图 8-5。目前，国际公认的第一、第二、第三产业的合理比例为 7∶41∶52，分析我国近年来的变化趋势可知全国第二产业比重有所下降，第三产业比重有所提升，三产比重已然接近合理比例，但能源“金三角”地区第二产业比重与合理比重相差较大，见图 8-6，由此可知，能源“金三角”地区的重化工业特点愈加明显，资源型地区过度依赖煤炭资源的开发来拉动经济增长，产业之间的结构失衡、产业结构单一。

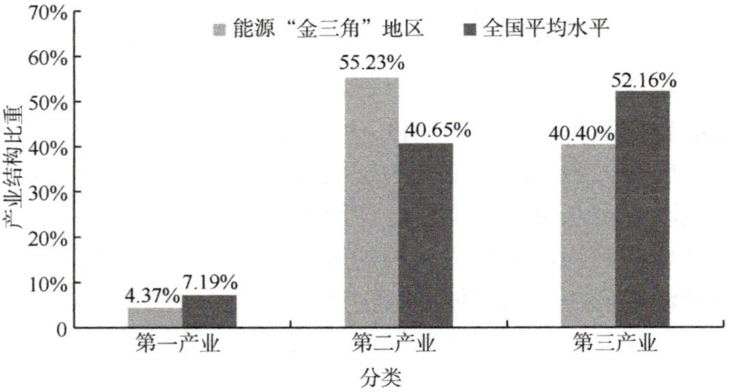

图 8-5　2018 年能源“金三角”地区与全国产业结构对比图

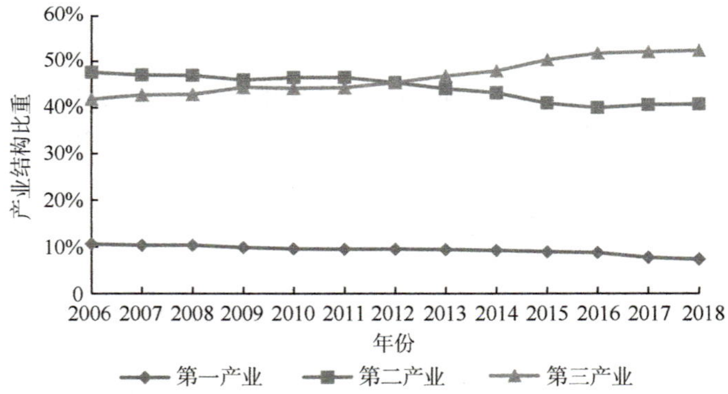

（a）全国

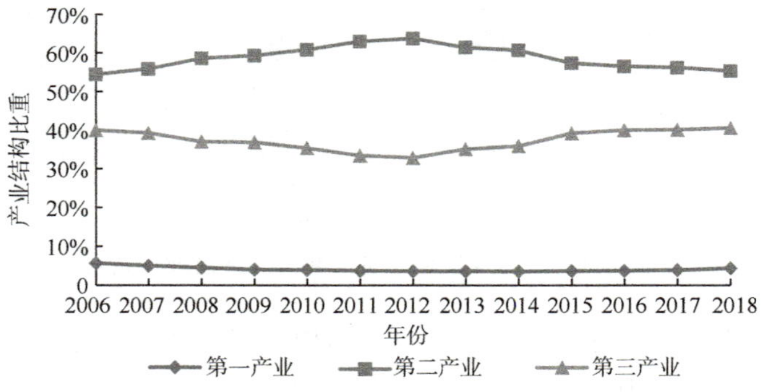

（b）能源“金三角”地区

图 8-6　全国与能源“金三角”地区产业结构比重对比图

综上所述，能源“金三角”地区第二产业比重明显高于全国，其产业结构说明第二产业（化石能源产业为主）在未来相当长的一段时间内仍然是推动区域内经济社会发展的主要产业。该区域的发展，是以能源需求发展为前提的，能源需求是其经济社会发展的最重要的源动力，能源推动着该区域的快速发展，也为区域内人民收入的提高提供着重要的保障，区域的快速发展是能源快速发展的外在表现。在该区域实施能源革命，是实现产业结构的合理化发展，在保持第二产业发展的基础上，带动区域第一产业和第三产业快速发展，实现产业结构科学合理的关键所在。

第九章　能源“金三角”地区能源产业现状与主要特征

第一节　区域煤炭产业现状

能源“金三角”地区煤炭资源非常丰富，区域内光埋深2000米以浅的煤炭资源总量就有1.4万亿吨左右，大约占全国煤炭资源总量的30%。区域内已探明煤炭资源量为3875亿吨，占全国探明煤炭资源量的19%左右，如表9-1所示。能源“金三角”地区内含煤面积非常广泛，约为85 194平方千米，占整个能源“金三角”地区面积的64%，如表9-1所示。

表9-1　能源“金三角”地区煤炭资源赋存情况（数据截止到2019年）

能源“金三角”地区	含煤面积/千米^2	煤炭资源总量		已探明煤炭资源量		探明率
		总量/亿吨	占全区比例	总量/亿吨	占全区比例	
宁东	2 000	1 394	9.9%	368	9.5%	26.4%
榆林	22 000	2 720	19.3%	1 490	38.5%	54.8%
鄂尔多斯	61 194	10 000	70.9%	2 017	52.1%	20.2%
合计	85 194	14 114	100%	3 875	100%	—

注：因四舍五入，比例数据可能略有偏差

整个区域内煤层厚度很大，且煤层厚度变化比较小，单层厚度最大就有60米左右，资源丰富度达1200万～2400万吨/千米^2。不但如此，区域整体地质构造简单，开采条件好，煤层连续性好，埋藏深度大部分小于800米。区域内的煤质优劣很明显，煤类有焦煤、气煤、肥煤、弱黏煤、不黏煤、长焰煤等煤种，特别是侏罗纪低灰、低硫、高发热量的弱黏煤、不黏煤、长焰煤约有3000亿吨，这些煤种既是重要的能源资源，也是罕见且不可多得的煤化工及化工原料，具有非常广阔的转化前景。

一、宁东

宁东的煤炭资源赋存量在能源“金三角”三地区中是最少的，但煤炭资源总量也达到了 1394 亿吨，探明量为 368 亿吨。宁东是我国 14 个大型煤炭基地之一，该地区处在鄂尔多斯盆地的西缘上，区内煤炭资源呈南北向条带状分布。区域内有马家滩、积家井、萌城、石沟驿、横城、鸳鸯湖、灵武、韦州等煤炭矿区，煤质总体上是以特低硫、特低灰、中高发热量的低变质不黏煤为主，有些矿区含有少量长焰煤。

二、鄂尔多斯

鄂尔多斯是能源“金三角”三地区中煤炭资源最为丰富的区域，煤炭资源总量高达 10 000 亿吨，区域煤炭资源探明量约为 2017 亿吨。区域内有桌子山、东胜和准格尔三大煤田，这三大煤田在鄂尔多斯区域内是自西向东规划的，这三大煤田都属于神东煤炭基地，且其是我国 14 个国家大型煤炭基地之一。这三大煤田的煤层地层倾角约为 2°～5°，煤层赋存稳定且煤层简单，很少有断层、褶曲，且瓦斯含量少，再加上水文地质条件简单，故特别适宜兴建大型、特大型矿井。鄂尔多斯区域内含的煤种主要是气煤、长焰煤、焦煤、肥煤、弱黏煤和不黏煤，煤种齐全且品质优良，是良好的动力和煤化工用煤。

三、榆林

榆林区域内煤炭资源总量约为 2720 亿吨，在能源“金三角”三地区内煤炭资源量排第二，已探明量约为 1490 亿吨。榆林内有一半以上的土地面积都含煤，含煤面积约为 2.2 万平方千米。榆林地区自西向东分为陕北侏罗纪煤田和陕北石炭-二叠纪煤田，榆林绝大部分煤炭资源都集中在陕北侏罗纪煤田，煤炭资源总量约为2150亿吨，探明资源量1400亿吨。石炭-二叠纪煤田煤炭资源赋存量相对较少，主要集中在府谷矿区和吴堡矿区。

2018 年能源“金三角”地区煤炭产量总计 113 936.43 万吨，占全国煤炭总产量的 30.95%。其中宁东煤炭产量为 6749.32 万吨，占全国煤炭总产量的 1.83%；榆林煤炭产量为 45 572.11 万吨，占全国煤炭总产量的 12.38%；鄂尔多斯煤炭产量为 61 615.00 万吨，占全国煤炭总量的 16.74%，具体如图 9-1 和图 9-2 所示。

综上所述，从煤炭储量、产量和煤质来看，能源“金三角”地区均是不可多得的禀赋地区，区域内已经建立了完善的煤矿开采、洗选、发电、煤化工等以煤炭为核心的能源化工产业链。

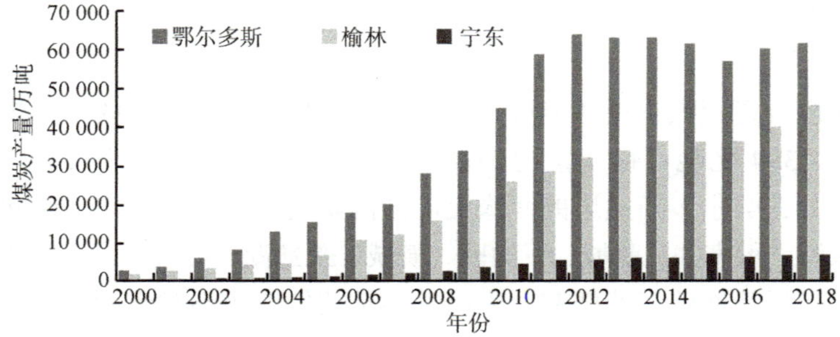

图 9-1　2000～2018 年能源“金三角”三地区煤炭产量图

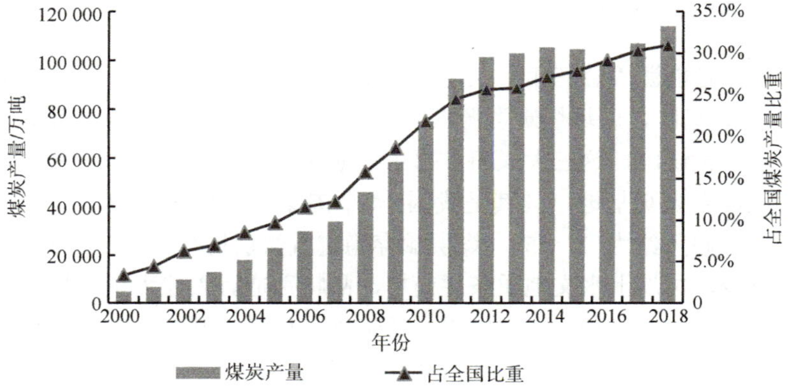

图 9-2　2000～2018 年能源“金三角”地区煤炭产量及占全国比重

第二节　区域原油产业现状

一、宁东

宁东石油地质资源量约 7.62 亿吨，油田处于鄂尔多斯盆地中段。含油地层为三叠系和侏罗系。区域内地层断裂与局部背斜和断鼻构造发育，成排、成带分布，形成了有利油气储集的地质条件。宁东虽然富含一定的油气资源，但是该地区不产油，《银川统计年鉴》数据显示，宁东 2000～2018 年产油量均为 0。

二、榆林

榆林是能源“金三角”三地区中原油最为丰富的区域，境内含油面积约有 2300 平方千米，预测储量约 10 亿吨，截至 2018 年，已探明量在 3 亿吨左右，主要分布在横山、子洲、靖边和定边四县区内。区域内有 3 家大型石油开采企业，分别是陕西延长石油（集团）有限责任公司、中石化华北分公司陕北采油厂和中国石油长庆油田分公司，其中中国石油长庆油田分公司是该区域原油资源开发利用的主体。由图 9-3 可知，榆林是能源“金三角”地区中唯一一个产原油的区域，2000～2003 年这 4 年间年均产量仅 83 万吨，到 2004 年产量激增为 410 万吨，而后产量呈指数增长趋势，到 2014 年最高产量达 1231.6 万吨后开始有所下降，但 2015 年后该区域原油年均产量仍然维持在 1000 万吨以上，占全国原油总产量的 5%左右。

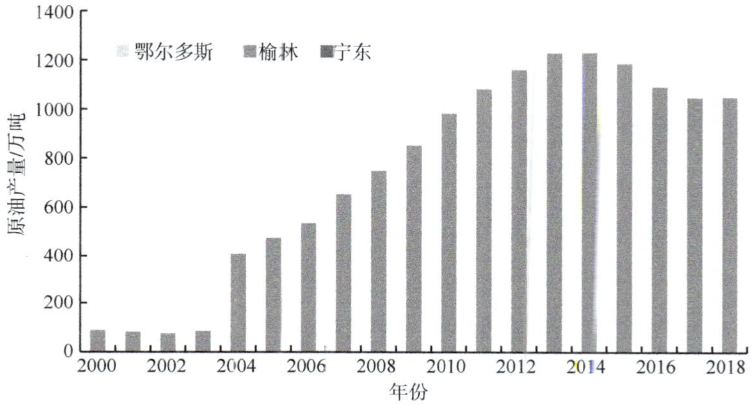

图 9-3 2000～2018 年能源“金三角”三地区原油产量

三、鄂尔多斯

鄂尔多斯地区和宁东地区一样，也不产原油，主要资源为煤炭资源。

能源“金三角”地区原油产量见图 9-4。

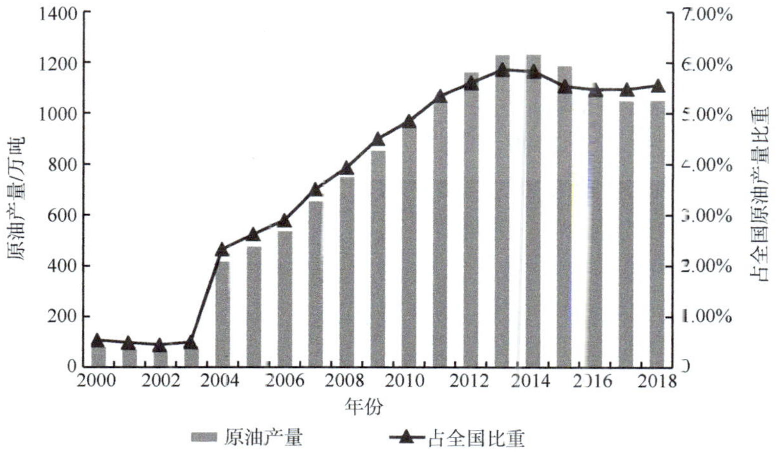

图 9-4 2000～2018 年能源“金三角”地区原油产量及占全国比重

综上所述，能源“金三角”地区原油产量均来自榆林地区，宁东和鄂尔多斯都不生产原油。区域原油产能特点为2000～2003年这4年间年均产量仅83万吨，到2004年产量激增为410万吨，而后产量呈指数增长趋势，到2014年最高产量为1231.6万吨后开始有所下降，但2015年后该区域原油年均产量仍然维持在1000万吨以上，占全国原油总产量的5%左右。

第三节　区域天然气产业现状

一、鄂尔多斯

鄂尔多斯区域内的天然气主要位于鄂尔多斯中西部，截至2018年探明储量8000多亿立方米，占全国的1/3，资源储量十分可观。在杭锦旗北部，已经发现20多处油气田，预测天然气资源量近10万亿立方米。作为国内最大的天然气生产基地，目前长庆气田每日向外供气量达到6000万平方米以上，其中约有80%被源源不断地输入陕京管道系统。苏里格气田为世界级大气田，目前也已并网向北京供气，为“西气东输”工程提供了资源保障。2000～2018年鄂尔多斯天然气产量呈指数增长趋势，从2000年4.55亿立方米的年产量迅速增长到2010年202.06亿立方米，随后2011～2018年呈缓慢增长趋势，年产量从2011年的248.6亿立方米稳步增长到2018年299.9亿立方米，年均产量约占全国天然气总产量的18%。

二、榆林

榆林是能源“金三角”地区第二大天然气产地区域。截至2018年天然气预测储量60 000亿立方米，探明储量11 800亿立方米，资源主要分布在榆阳、米脂、靖边、定边、横山、绥德、子洲、神木等县区。榆林地区2000～2018年天然气产量呈稳步增长趋势，从2000年的25.8亿立方米增长到2018年的167.17亿立方米，且目前仍然呈增长态势。该区域内天然气主要通过陕京、陕京二线、靖西、长呼、长宁等输送到宁夏、内蒙古、西安、北京和上海等地。随着该区域内天然气开发进程的加快，天然气化工和城市气化得到迅速发展，区域内陕西北元化工集团股份有限公司等化工企业、陕西榆林天然气化工有限责任公司目前正不断发展壮大。

三、宁东

宁东目前不产天然气（2018年数据显示产量为0）。

能源“金三角”地区天然气产量见图9-5和图9-6。

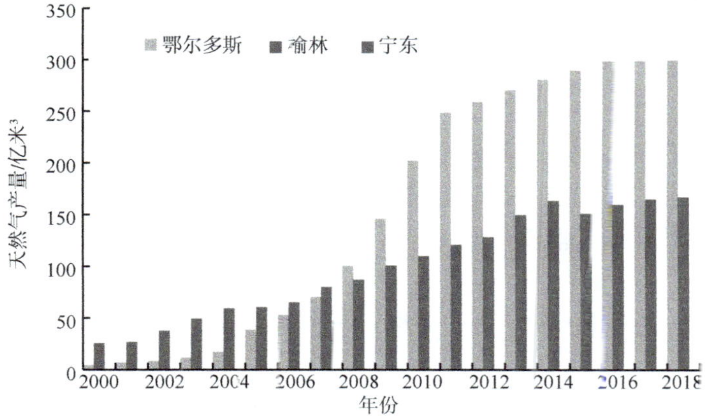

图 9-5 2000～2018 年能源“金三角”三地区天然气产量

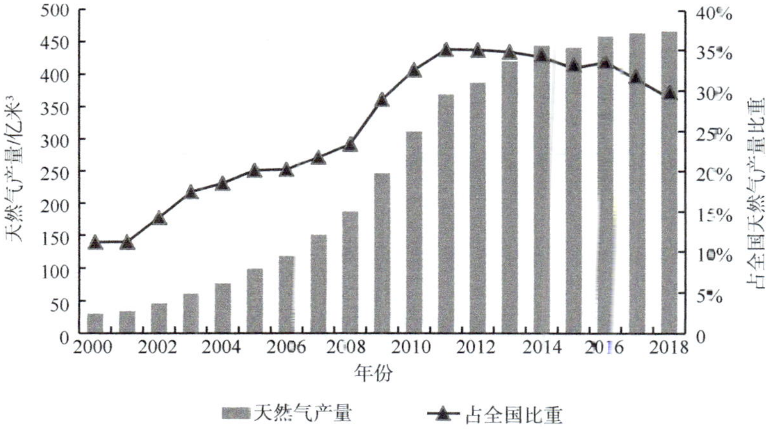

图 9-6 2000～2018 年能源“金三角”地区天然气产量及占全国比重

综上所述，能源“金三角”地区天然气产量最大区域为鄂尔多斯，2018 年产量高达 299.9 亿立方米，占全国总产量的 18.7%，天然气产量排名第二的区域为榆林，2018 年产量也达到了 167.17 亿立方米，而宁东地区不产天然气。纵观整个能源“金三角”地区，2000～2012 年该区域天然气产量是呈指数增长趋势的，2012 年后呈缓慢稳步增长趋势，到 2018 年该区域天然气总产值达到了 467.07 亿立方米，占 2018 年全国天然气总产量的 29.2%，即全国约 1/3 的天然气来自能源“金三角”地区。

第四节　区域电力与新能源产业现状

能源“金三角”地区是我国“西电东送”的重要基地，根据中国电力企业联合会《电力工业“十二五”规划研究报告》，能源“金三角”地区涵盖了16个大型煤电基地中的4个。能源“金三角”地区产电量见图9-7。

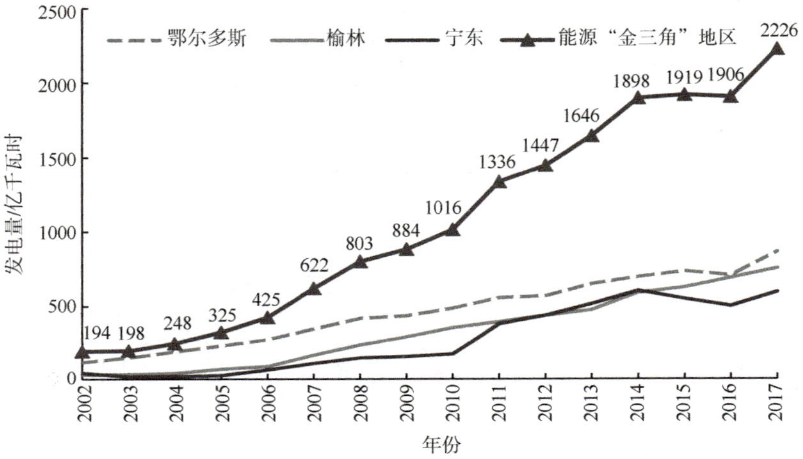

图9-7　能源“金三角”地区2002～2017年地区产电量

2017年区域火电装机容量36 130兆瓦（表9-2），约占全国的4.0%，“西电东送”电源基地正在形成。

表9-2　能源“金三角”地区2017年发电及电力外送情况

区域	火电装机/兆瓦	新能源发电量/兆瓦时	总发电量/亿千瓦时	外送电量/亿千瓦时
宁东	8 990	2 450	598	235
鄂尔多斯	17 220	1 130	869	246
榆林	9 920	810	758	256
合计	36 130	4 390	2 225	737

注：因四舍五入，合计值可能略有偏差

一、宁东

宁东地区是经国务院批准的国家重点开发区，电力装机粗具规模，2017年宁东基地电力装机容量达到13 000兆瓦，其中火电装机容量9000兆瓦左右，其他新能源装机容量3000兆瓦左右，总发电量达到598亿千瓦时，外送电量约为235

亿千瓦时。

二、鄂尔多斯

鄂尔多斯发电装机容量和发电量较往年有了大幅增加，2017 年该地区电力总装机容量约为 18 233.62 兆瓦，位居能源“金三角”三地区之首，其中火电 17 220 兆瓦，风电约 250 兆瓦，水电约 750 兆瓦，生物质电厂约 4.8 兆瓦，太阳能电站约 8.82 兆瓦，全市总发电量为 869 亿千瓦时，外送电量为 246 亿千瓦时。

三、榆林

榆林电力装机也是粗具规模，2017 年地区火电装机容量为 9920 兆瓦，新能源装机容量为 860 兆瓦，全市总发电量为 758 亿千瓦时，外送电量 256 亿千瓦时。

综上所述，能源“金三角”地区发电量最高的为鄂尔多斯地区，约占整个能源“金三角”地区发电量的 39.06%，宁东和榆林发电量所占比重为 26.88%和 34.07%，相比鄂尔多斯地区，宁东和榆林两地发电量较小。

第五节 区域非化石能源现状（新能源）

一、宁东

宁东具有丰富的有待开发的太阳能、风能、地热等资源。2017 年宁东非化石能源生产 289.30 万吨标准煤，仅占该地区能源生产总量的 5.50%，其中新能源发电量达到 2450 兆瓦时。

二、榆林

依托丰富的风能、太阳能和煤炭资源，榆林大力发展以风力发电、光伏发电和兰炭为主的清洁能源。2017 年榆林非化石能源生产 122.73 万吨标准煤，仅占该地区能源生产总量的 0.38%，其中新能源发电量已达到 810 兆瓦时。2017 年 1～9 月，已成为全国兰炭主产区的榆林，共生产兰炭 2280.83 万吨，同比增长 11.47%。在全国重点地区防治大气污染、治污减霾中，榆林兰炭正发挥着越来越重要的作用。

三、鄂尔多斯

资料显示，鄂尔多斯可供开发的太阳能、风能均在千万千瓦以上，是中国重要的清洁能源输出基地。2017 年鄂尔多斯非化石能源生产 33.70 万吨标准煤，仅占该地区能源生产总量的 0.07%，其中新能源发电量 1130 兆瓦时。

能源“金三角”地区非化石能源生产情况见表 9-3。

表 9-3 能源“金三角”地区 2017 年非化石能源生产情况

地区	总量/万吨标准煤	化石能源/万吨标准煤	非化石能源/万吨标准煤	非化石能源占比
榆林	32 397.51	32 274.78	122.73	0.38%
宁东	5 260.00	4 970.70	289.30	5.50%
鄂尔多斯	47 048.11	47 014.41	33.70	0.07%
合计	84 705.62	84 259.89	445.73	0.53%

综上所述，能源“金三角”地区非化石能源生产仅占能源生产总量的 0.53%，化石能源生产量占比很大，表明该区域以化石能源生产为主，非化石能源（新能源）的开发力度亟须加大以改善能源结构。

第六节　区域煤化工产业现状

一、鄂尔多斯

鄂尔多斯可以说是中国最大的现代煤化工产业基地，区域内煤化工产业集群建设区域主要包括以汇能煤电集团为龙头企业的汇能煤化工项目区、以神华集团煤制油公司为龙头企业的乌兰木伦项目区、以伊泰煤间接液化项目为龙头的大路煤化工基地和以伊东集团为龙头企业的准格尔经济开发区。各类煤化工产业的年煤炭转化量高达 6500 万吨，产业链有煤制甲醇、煤制烯烃、煤制乙二醇、高温煤焦油制碳纤维等。

二、榆林

陕西作为能源大省，拥有丰厚的能源资源，其中大部分能源都集中在榆林地区。“十三五”以来榆林地区大力发展能源资源深加工行业，已经基本形成完整的煤化工和石油化工产业链，已经发展成为国家现代煤化工四大示范基地之一，中国神华煤制油化工有限公司、中煤陕西榆林能源化工有限公司、山东兖矿集团有限公司等各大央企，以及陕西延长石油（集团）有限责任公司、陕西煤业化工集团有限责任公司等国有企业纷纷在榆林布局大项目，拥有煤制半焦、甲醇、煤制油、煤制烯烃等煤化工产业，煤间接液化、煤焦油深加工、煤油气资源综合利用、煤油共炼等技术国内领先，甚至全球领先，形成了榆神、榆横、靖边、神木、府谷等十几个化工园区。

三、宁东

据中央广播电视总台中国之声《新闻和报纸摘要》报道，因煤而兴的宁夏宁东能源化工基地自2003年建立以来，通过不断升级转型推动高质量发展，宁东能源化工基地是4个现代煤化工产业示范区及循环经济示范区之一，至2018年，启动年产25万吨煤制甲醇项目并建成全球单套装置规模最大的400万吨煤炭间接液化项目和100万吨煤制油副产品增值利用制烯烃项目，煤化工产能2225万吨，化工行业工业总产值达到553亿元，成为2018年全国最大的煤制油和煤基烯烃生产加工基地。

综上所述，2018年，能源“金三角”地区煤炭资源储量为1.4万亿吨，占全国煤炭资源总量的30%。能源“金三角”地区是我国未来能源增长的主力军，是国家能源安全保障区之一，是能源革命能否成功的关键区域之一。

第十章　能源“金三角”地区能源与生态环境之间的关系

第一节　研 究 方 法

当今世界，科技进步大幅度促进了生产力的提升，全世界的生产效益和人民生活水平急速提升，人类的物质需求极大地被满足。但与此同时也产生了一系列巨大危机，包括人口急速增长、能源资源匮乏及生态环境的破坏等。工业革命促进了世界进步，然而工业革命的延续是需要源源不断的资源和能源的，但问题是这些资源与能源大部分都是不可再生的。能源是经济社会发展的重要物质基础，是推动社会经济发展的动力和保障，但与此同时，能源产业发展所带来的生态环境问题已经成为世界性问题，面对全球日益严峻的生态环境和能源资源枯竭问题，节约能源、提高能源利用效率、促进能源消费结构转型，并大力开发利用新型可再生能源已成为世界各国保障能源安全、实现绿色发展的共同选择。目前，我国正处在能源转型发展和结构调整的关键时期，推动能源生产和消费革命、优化调整能源消费结构、实现能源与生态环境协调发展将是我国能源发展在未来很长一段时期内的主攻方向。

在全球环境不断恶化的背景下，中国面临着更为严峻的形势。我国人口规模特别庞大，使得人均资源存量远低于世界平均水平，截至 2018 年，煤炭、天然气、石油等能源资源的人均储量仅分别相当于世界人均水平的 69.3%、6.4%和 5.4%。当下我国的能源资源禀赋特征是“富煤、贫油、少气”，煤炭资源占据了绝对的主导地位，长期以来我国的油气供应受制于人：2017 年，我国原油对外依存度为 67.4%，天然气对外依存度为 39%，对外依存度很高并且这一比例目前仍然呈上升趋势，这给中国能源安全带来了严重的威胁。在能源禀赋基础如此薄弱的情况下，能源利用率低下更是加剧了我国的能源供给不足的紧张局势，当前我国的总体能源利用效率仅在 33%左右，比发达国家低了约 10 个百分点。习近平在 2014 年 6 月的中央财经领导小组会议上明确表示了“能源安全是关系国家经济社会发展的全局性、战略性问题，对国家繁荣发展、人民生活改善、社会长治久安至关重要”①。

我国目前不仅面临着严峻的能源安全问题，还存在严重的能源环境问题，当下我国环境污染严重，一些城市和区域存在着高强度、大范围的雾霾天气；此外，我国还面临着碳排放过度的问题，二氧化碳排放量大，2016 年我国二氧化碳排放量全球占比 28.4%，居世界首位。依照《巴黎协定》，到 2030 年我国单位 GDP 的二氧化碳排放要比 2005 年下降 60%～65%，为此，我国面临着巨大的碳减排任务。同时，习近平总书记在党的十九大报告中也进一步指出，要“推进能源生产和消费革命，构建清洁低碳、安全高效的能源体系”②。

根据 Wackernagel 提出的传统生态足迹理论，生态足迹计算的原理是将某个区域内确定人口在生产生活过程中所消耗的所有资源量和吸收这些人口生产生活所产生的所有废弃物的量折算成区域发展所需要的生态生产性面积。由于传统生态足迹法存在着不能真实地反映区域内人口生产生活对当地生态系统所产生的压力和影响的根本性问题，有关学者对传统生态足迹法进行了针对性的扩展与改进。熊德国等将生态足迹区分为消费性生态足迹和生产性生态足迹，传统消费性生态足迹是指提供区域内人口生产活动每年消费的生物生产量和能源资源量所需要的生态生产性面积。与传统生产性生态足迹有区别的是生产性生态足迹，其是指一个区域内确定的人口每年从生态系统中实际取得的生物产量所需要的总生态生产性面积。熊德国指出，Wackernagel 的传统生态足迹概念实际上就是消费性生态足迹，由于区域内生产活动所需的资源能源消费量不仅依靠当地，其实还有可能依靠其他区域，因此这样就不能准确描述当地人口从事生产生活活动所造成的生态压力是作用于当地还是其他区域。而生产性生态足迹就能够真实反映区域生产活动对当地区域生态系统的影响，能对区域发展的可持续性作出真实的评价。生产性生态足迹公式如下：

$$\mathrm{ef} = \mathrm{EF}/n = \sum r_j\left(a_i\right)/n = \sum r_j\left(C_i/Y_i\right)/n \tag{10-1}$$

其中，ef 表示人均生态足迹；EF 表示总的生态足迹；n 表示人口数；i 表示产品的类型序号；j 表示生态生产性土地的类型，包括耕地、林地、草地、水域、化石能源地、建筑用地；a_i 表示 i 种产品折算的生态生产性面积；C_i 表示第 i 种产品的产量；Y_i 表示第 i 种产品全球平均产量；r_j 表示用来将不同类型的生态生产性土地面积调整为具有全球生态系统平均生产力的、可以直接相加的生态系统面积的

① 《习近平主持召开中央财经领导小组会议》，http://www.xinhuanet.com//video/2014-06/13/c_126615850.htm?from=timeline&isappinstalled=0，（2014-06-13）[2020-12-02]。

② 《习近平：决胜全面建成小康社会 夺取新时代中国特色社会主义伟大胜利——在中国共产党第十九次全国代表大会上的报告》，http://www.xinhuanet.com/2017-10/27/c_1121867529.htm，（2017-10-27）[2020-12-05]。

均衡因子。在生态足迹的具体计算过程中，总生态足迹包括能源和生物资源两部分，具体指标如表 10-1 所示。

表 10-1　生态足迹总分类指标及其对应的土地类别

分类	选取指标	土地类别
能源	煤炭、石油及天然气	化石能源地
	电力	建筑用地
生物资源	农产品：小麦、稻谷、玉米、薯类、大豆、麻类、油料、蔬菜、瓜类	耕地
	林产品：水果	林地
	动物产品：猪肉、羊肉、奶类、禽蛋	草地
	水产品	水域

资料来源：《中国统计年鉴》、《榆林统计年鉴》（2011～2018 年）、《鄂尔多斯统计年鉴》（2011～2018 年）、《银川统计年鉴》（2011～2018 年）

区域能源资源包括煤炭、石油、天然气及电力四类，煤、石油、天然气对应的土地类型为化石能源地，电力对应建筑用地。本节以世界上单位化石燃料生产土地面积的平均发热量为标准，将煤炭、石油、天然气产量折算成化石能源地面积，将电力生产量折算成建筑用地面积。生物资源分为农产品、动物产品、林产品和水产品四大类，其对应的生物生产性土地类型见表 10-1。

生态承载力是指在区域内所能提供的生态生产性土地，其计算公式为

$$\mathrm{ec} = 0.88\,\mathrm{EC}/n = 0.88\sum a_j r_j y_j / n \tag{10-2}$$

其中，ec 表示人均生态承载力；EC 表示总生态容量；a_j 表示第 j 类生态生产性土地的面积；y_j 表示产量因子。

本书研究中均衡因子 r_j 和产量因子 y_j 采用全球生态足迹网络（Global Footprint Network）2018 年发布的 *Working Guidebook to the National Footprint Accounts* 中提供的值。均衡因子和产量因子具体取值如表 10-2 所示。

表 10-2　均衡因子和产量因子取值

土地类别	均衡因子	产量因子
化石能源地	1.29	0
建筑用地	2.52	1.74
耕地	2.52	1.74
林地	1.29	0.86
草地	0.51	0.51
水域	0.37	0.74

计算出生产性生态足迹 ef 及生态承载力 ec 后，通过比较二者的大小，可以

评价出该区域是否处于可持续发展的状态：当 ef<ec，表现为生态盈余状态，表明区域处于可持续发展状态；相反，当 ef>ec，表明生态系统不能满足人们的需求，区域出现生态赤字。

第二节 能源产业的发展与区域生态赤字现状相关

本次评价选择能源“金三角”三地区分别作为评价对象。对其人均生态足迹和人均生态承载力做相应评价，得出区域能源产业对生态系统的负面压力大小，评价结果如表 10-3、表 10-4 和表 10-5 所示。

表 10-3 榆林地区人均生态足迹与人均生态承载力（单位：公顷）

年份	人均生态承载力	人均生态足迹	人均生态赤字
2011	1.96	3.90	−1.94
2012	2.50	4.60	−2.10
2013	2.04	4.80	−2.76
2014	3.44	4.80	−1.36
2015	3.46	4.40	−0.94
2016	2.20	4.30	−2.10

表 10-4 鄂尔多斯地区人均生态足迹与人均生态承载力（单位：公顷）

年份	人均生态承载力	人均生态足迹	人均生态赤字
2011	1.11	3.60	−2.49
2012	1.12	3.60	−2.48
2013	1.09	3.80	−2.71
2014	1.04	4.40	−3.36
2015	1.00	4.30	−3.30
2016	0.98	4.20	−3.22

表 10-5 宁东地区人均生态足迹与人均生态承载力（单位：公顷）

年份	人均生态承载力	人均生态足迹	人均生态赤字
2011	0.44	1.30	−0.86
2012	0.41	1.26	−0.85
2013	0.40	1.21	−0.81
2014	0.34	1.13	−0.79
2015	0.38	1.07	−0.69
2016	0.32	1.00	−0.68

如图 10-1 所示，榆林地区 2011～2016 年平均人均生态足迹为 4.47 公顷，变

化趋势相对平稳，说明该地区居民所需要的生态资源水平相对稳定；榆林地区2011～2016年平均人均生态承载力为2.6公顷，其中2016年人均生态承载力下降幅度达36.4%，下降趋势非常明显；整体来看，榆林地区人均生态承载力均低于该地区的人均生态足迹，造成了该地区的生态赤字。

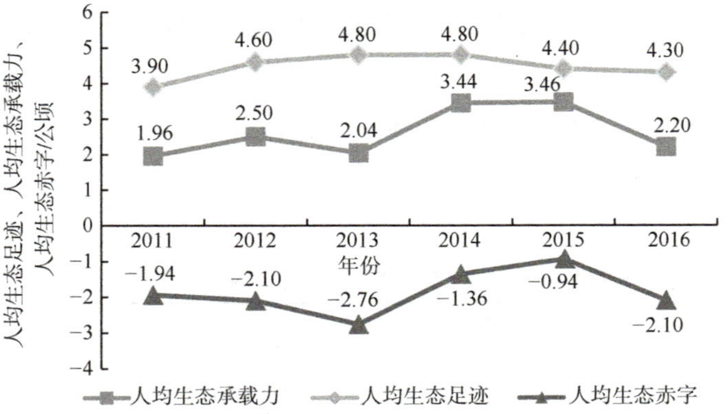

图 10-1　榆林地区人均生态足迹与人均生态承载力

鄂尔多斯生态足迹评价如图10-2所示，从图中可以看出，鄂尔多斯地区2011～2016年平均人均生态足迹约为4公顷，最大变化幅度为15.8%（2014年），总体来说，该区域居民所需要的生态资源水平比较稳定；从生态承载力来看，鄂尔多斯地区平均人均生态承载力为1.06公顷，最大变化幅度仅为4.6%（2014年），该地区的人均生态承载力呈下降趋势但不明显，总体表现出平稳状态；总体上，鄂尔多斯地区人均生态承载力均低于该地区的人均生态足迹，地区的生态赤字比较严重。

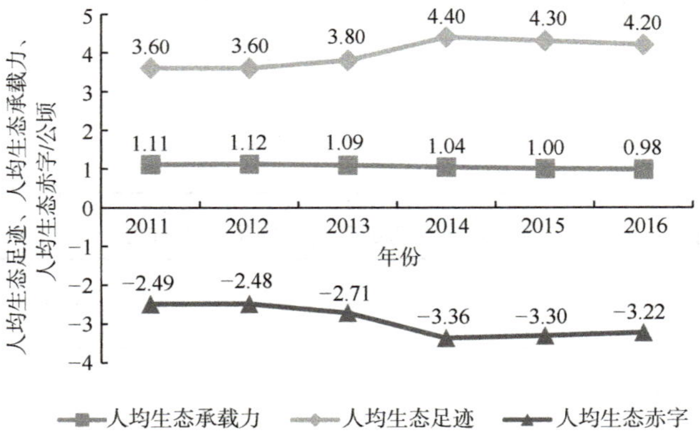

图 10-2　鄂尔多斯地区人均生态足迹与人均生态承载力

如图10-3所示，宁东地区2011～2016年平均人均生态足迹为1.16公顷，最大变化幅度为9.6%（2011年），总体来说，该地区人均生态足迹呈明显的下降趋势；宁东地区2011～2016年平均人均生态承载力为0.38公顷，整体变化趋势不明显，呈现出较为稳定的状态；总体来看，宁东地区2011～2016年人均生态承载力均低于该地区的人均生态足迹，造成了该地区的生态赤字。

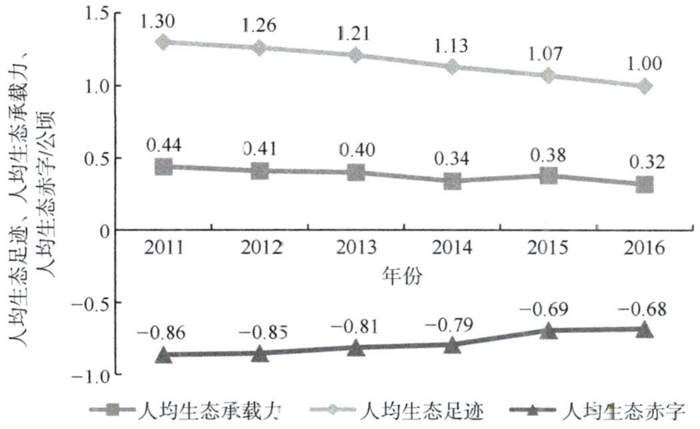

图10-3　宁东地区人均生态足迹与人均生态承载力

综上所述，能源"金三角"三地区都处于生态赤字状态，且总体生态赤字较为严重，由此可知，区域能源产业带来当地经济飞速发展的同时，也给当地生态环境造成了严重破坏，给了区域生态环境很大负面压力，出现了生态赤字状态，使区域能源产业与生态环境呈严重不可持续发展趋势。能源化工业的发展导致区域生态环境破坏，水资源短缺，致使区域生态脆弱，从而使区域出现生态赤字。

除以上评价结论之外，通过对能源"金三角"地区整体调研还发现，目前区域生态环境出现生态赤字，可能因为区域生态环境还存在以下严重问题。

（一）水资源贫乏

（1）水资源匮乏，可供利用的水资源短缺。以研究区域内榆林地区为例，榆林自产水资源的平均年产水模数6.1万米^3/千米^2，约相当于全省平均年产水模数20.6万米^3/千米^{2}的1/3。

（2）水资源时空分布不均，含沙量大，开发利用极为困难。

（3）研究区域水资源已没有开发潜力。以榆林为例，榆林地区水资源可利用量10.44亿立方米，2018年已开发利用8.51亿立方米，还有部分水量主要位于黄土丘陵沟壑区，因泥沙问题特别严重，难以开发利用，故现状开发程度基本达到极限。

（4）地下水超采，水资源已不能承载经济社会可持续发展。

（二）污染排放严重

目前能源“金三角”地区煤、油化工等能源行业清洁生产水平不高，部分洗煤厂废水、石油钻采废水、含油废水、矿井水等无序排放，导致主要河流受到污染。

（三）固废处置不当（新的制约因素）

以榆林地区为例，2018 年榆林煤炭从开采至转化的“三废”综合利用循环经济产业体系尚未形成主流，同时煤矸石、粉煤灰及炉渣的利用率仅为 22%、22.8% 和 13.3%，远低于国家煤炭采选业清洁生产标准三级标准（70%）。大量的固体废弃物堆放挤占生态用地，根据现场调研，部分企业堆场建设散乱，防渗透措施不完善，煤矸石、煤渣煤泥及油泥等固废无序堆放，固废问题已经成为区域煤化工产业发展的新的制约因素。

第十一章　能源革命推动能源“金三角”地区绿色发展

第一节　能源革命推动能源“金三角”地区经济社会发展

一、研究方法

能源“金三角”地区是典型的能源富集区，是我国重要的功能类型区之一，是我国“西煤东运”“西气东输”“西电东送”的重要基地，是推进我国城市化、工业化的能源动力保障，更是我国能源战略安全的重要保障地区之一。西部大开发近二十余年以来，能源“金三角”地区大规模能源开发与转化带动了该地区经济的快速增长，使得该区域能源产业迅速壮大，经济增速迅猛，能源产业发展已经成为西部大开发地区重要的经济增长极。然而与此同时，区域能源产业在有效地支撑能源“金三角”地区经济快速发展的同时，也使得其经济发展呈现出了较为突出的资源依赖型的特征。这种以能源开发为主的经济发展模式导致了该区域能源产业盲目扩张、生态环境破坏严重、经济结构畸形发展，给该区域能源产业的可持续发展带来了严峻的考验。虽然能源“金三角”地区生产总值总量和人均地区生产总值大幅提高了，但由于能源开发与区域经济发展尚未形成良性互促机制，能源“金三角”地区能源开发利用所带来的经济总量高速增长并未换取到区域经济的协调发展，能源开发甚至造成当地生态环境严重破坏、水土资源配置失衡和空气污染等问题，这种区域非均衡发展会导致该区域内消费和投资在发展中长期失衡，使得区域投入产出存在严重不平衡，最终使得区域整体经济效应出现下滑。由于能源“金三角”地区在我国能源战略中地位举足轻重，正确科学地对其区域经济发展进行研究评价对于该地区的发展乃至国家能源战略安全是非常重要的。

区域经济发展评价是运用统计学的方法建立评价模型，通过建立合理的、科学的评价指标体系，全面、系统地对某一区域的经济现状及经济发展前景进行科学有效的评估，并且对评价结果针对性地提出相应政策和建议。目前区域经济问题已经成为国家或地区发展的重要问题，致使以区域经济发展为研究对象的区域经济评价作为应用经济学的分支在国内外快速发展起来。

区域经济发展的时空演进格局研究旨在通过建立科学的评价体系和方法来对区域发展阶段和趋势进行准确评判，得出评价结果，从而促进区域协调发展。区域非均衡发展往往影响社会公平和经济效益，区域协调发展已成为学术界和政府亟须解决的现实问题。本章研究选择能源“金三角”地区鄂尔多斯、榆林及宁东为研究区，通过 3 个地区的对比研究，剖析能源富集区经济发展的区域差异及其原因，对 2006～2018 年区域经济发展演进格局进行分析，探究能源开发对区域经济发展差异的影响，对区域经济现状进行评价，为该类地区发展提供理论决策依据。根据能源“金三角”地区社会经济发展特征与能源产业发展状况特征分析，选取区域原煤产量、原油产量、天然气产量及发电量 4 个能源指标对能源“金三角”地区能源产业经济发展进行剖析。以 2006～2018 年时间序列的数据为样本，利用 SPSS 软件，将这 4 个指标因子与区域内人均地区生产总值进行相关分析，从而得到各驱动因子与区域内人均地区生产总值的关系；对这些驱动因子进行主成分分析，去除冗余信息从而得到能反映绝大部分信息（通常累计贡献率大于 85%）的主成分。

1）经典统计学分析方法

利用统计学分析法，对能源“金三角”地区生产总值总量和增速进行统计分析，得出 2006～2018 年地区生产总值时空演进格局和走势；对人均地区生产总值及增速也进行统计学分析，从而评价出能源“金三角”地区人均贫富程度；将地区生产总值总量与全国 GDP 进行比较，分析出研究区在全国的经济发展水平程度。

2）变异系数（C_v）

采用变异系数对能源“金三角”三地区及全国其他几个能源富集区域经济发展水平进行测度，差异系数越大，区域经济差异程度越大。计算公式为

$$S=\sqrt{\frac{\sum_{i=1}^{n}\left(y_i-\overline{y}\right)^2}{n}} \tag{11-1}$$

$$C_v=\frac{1}{y}\sqrt{\frac{\sum_{i=1}^{n}\left(y_i-\overline{y}\right)}{n-1}} \tag{11-2}$$

其中，S 为标准差；C_v 为变异系数；n 为县域总数；y_i 为县域人均地区生产总值；$\overline{y}$ 为 y_i 的平均值。

3）空间自相关分析

通过空间自相关（spatial autocorrelation，SA）分析研究能源“金三角”地区

及全国其他能源富集区域单元经济发展的相关程度，本节采用全局空间自相关分析法，全局莫兰 I 数（Global Moran's I）侧重说明能源“金三角”三地区及全国其他几个能源富集区域之间空间差异的平均程度，从而比较并分析出能源“金三角”地区的发展情况及其与全国其他能源富集区域发展的差异情况。计算公式如下：

$$I=\frac{n\sum_i\sum_j w_{ij}\left(x_i-\bar{x}\right)\left(x_j-\bar{x}\right)}{\sum_i\sum_j w_{ij}\sum_i\left(x_i-\bar{x}\right)^2} \tag{11-3}$$

$$E\left(I\right)=\frac{-1}{\left(n-1\right)} \tag{11-4}$$

其中，n 为研究县域数量；x_i 为县域 i 的观测值；$\bar{x}$ 为平均值。

莫兰 I 数（Moran's I）的取值一般落在（−1，1）内。当 I=0 时表示各区域单元相互独立，空间不相关，呈随机分布状态；当 I 值越趋近于 1，表示研究单元空间集聚性越显著；而当 I 值越趋近于−1，则表示单元与周边区域单元趋异性越显著。

4）能源“金三角”地区经济驱动模型与经济现状评价分析

根据能源“金三角”地区社会经济发展特征与能源产业发展状况特征分析，以及区域经济发展驱动因素研究相关文献综合分析，最终选取区域原煤产量、原油产量、天然气产量及发电量 4 个能源指标对能源“金三角”地区能源产业经济发展进行剖析。以 2006～2018 年时间序列的数据为样本，利用 SPSS 软件，将这 4 个指标因子与区域内人均地区生产总值进行相关分析，从而得到各驱动因子与区域人均地区生产总值的关系；对这些驱动因子进行主成分分析，去除冗余信息从而得到能反映绝大部分信息（通常累计贡献率大于 85%）的主成分。

二、能源产业发展对区域经济的驱动作用明显

能源“金三角”地区作为能源富集区域，为我国经济发展提供重要资源供给，为国家城市化和工业化提供重要保障。科学的评价方法对于准确、客观地了解能源“金三角”地区经济发展水平具有重要意义，能为国家制订该区域经济发展规划提供重要依据，也是该区域经济政策制度和战略部署制定的重要前提。结合区域经济发展特点，选用人均地区生产总值（Y）作为因变量，以原煤产量（X_1）、原油产量（X_2）、天然气产量（X_3）及发电量（X_4）4 种指标作为自变量，选用 2006～2018 年能源“金三角”三地区的原煤产量、原油产量、天然气产量及发电量，来解析能源产业与人均地区生产总值的关系。由能源“金三角”三地区人均地区生产总值与经济驱动因子的 Pearson 检验系数（表 11-1）可知以下结论。

表 11-1　能源“金三角”地区人均地区生产总值与能源驱动因子的相关系数（Pearson 检验）

地区	变量	人均地区生产总值	原煤产量	原油产量	天然气产量	发电量
鄂尔多斯	人均地区生产总值	1.000				
	原煤产量	0.990**	1.000			
	原油产量			1.000		
	天然气产量	0.989**	0.994**		1.000	
	发电量	0.985**	0.974**		0.973**	1.000
榆林	人均地区生产总值	1.000				
	原煤产量	0.991**	1.000			
	原油产量	0.957**	0.965**	1.000		
	天然气产量				1.000	
	发电量	0.965**	0.981**	0.919**		1.000
宁东	人均地区生产总值	1.000				
	原煤产量	0.979**	1.000			
	原油产量			1.000		
	天然气产量				1.000	
	发电量	0.964**	0.955**			1.000

**表示系数在 0.01 级别（双尾）相关性显著

（1）能源“金三角”地区经济发展与当地原煤产量、原油产量、天然气产量及发电量均呈现出高度相关性，即相关性非常显著，并且原煤产量与研究区域经济显著性最高（三地区相关性系数同时显示最高），其次依次为天然气产量、发电量及原油产量，即能源“金三角”地区经济发展驱动性因子大小排序为原煤产量>天然气产量>发电量>原油产量。

（2）研究区域能源产业是其经济发展的主要驱动因素，影响最大的为煤炭资源产量。

（3）能源资源为该区域经济主要驱动因素，能源产量下降将直接引发其经济社会发展水平的下降甚至是停滞。

（4）由此推理可得制约能源产业发展的生态环境及碳排放问题同样也直接制约着区域的社会经济发展，则区域能源革命的方向是：区域以煤炭行业为领头的能源行业的发展既要满足人民对社会经济发展的要求，又要满足人民对生态环境的追求、低碳大国责任的需求，三方面协调发展是其能源革命成功的关键，也是该区域能源绿色可持续发展的关键。

为了进一步确定研究区域经济发展的驱动因素，将上述 4 个驱动因子作为变量，利用 SPSS 软件进行主成分分析。

由表 11-2 可知：主成分原煤产量累计贡献率高达 78.645%，基本可以代替全部信息，即可知研究区域经济发展主要支撑点是煤炭。

表 11-2　特征值及主成分贡献率与累计贡献率

主成分	特征值	贡献率	累计贡献率
原煤产量	8.641	78.645%	78.645%
天然气产量	0.963	8.592%	87.237%
发电量	0.912	8.324%	95.561%
原油产量	0.613	4.439%	100%

除以上评价结论之外，通过对研究区域能源化工行业整体调研还可得出以下结论。

（1）区域内能源化工产品以基础原料为主，附加值较低：区域内煤化工在技术创新和产业化方面取得重大进展，但目前大部分煤化工项目都存在加工转化深度不够、下游产品多为附加值不高的初级产品等问题，区域内 2013 年煤炭外运量约占总煤炭产量的 80%，到 2016 年约为 56.31%，煤炭调出仍为主要形式。

（2）宁夏地区 2018 年由煤炭调出区转变为煤炭调入区，目前区域内煤炭全部作为区域内部煤化工原料，甚至还外调了少量煤炭原料，说明了区域内煤化工 2018 年的发展对区域内能源行业产业链延长所做出的贡献。

综上所述，煤炭是驱动能源行业发展的主要因子，煤炭行业的发展带来的生态环境问题是能源行业发展的制约因素，煤炭行业能否低碳、环境友好发展，是能源革命能否成功的关键方面。

第二节　能源革命推动能源“金三角”地区生态环境建设

本篇项目组选取能源“金三角”地区具有代表性的神东矿区作为典型示例，对其沉陷区治理、矿区土地利用变化和植被覆盖度等历史数据进行了分析，充分说明了煤炭行业的开发推动了神东矿区生态环境的建设。

一、区域典型代表性矿区沉陷区治理

神东煤炭集团根据矿区开发建设与自然环境特点，创建了“三圈一水”生态功能圈治理模式，治理成效显著，生态环境得到显著改善，其主要成果如下。

（1）外围防护圈主要从风沙治理、小流域及水源地治理、铁路公路风沙防治、排矸（土）场复垦等方面进行治理。形成了风沙治理产业化、水源治理生物化和公路绿化景观化的成果。2018 年累计治理面积 162.50 平方千米，占整个生态圈总

面积的 77.38%。

（2）周边常绿圈主要是建设大柳塔东山、西山和上湾 C 形湾三大项常绿林工程，2018 年累计治理面积 33.64 平方千米，占整个生态圈总面积的 16.02%。

（3）2018 年中心美化圈涉及面积 13.86 平方千米，占整个生态圈总面积的 6.6%。生活小区绿地率达到 35%，人均公共绿地面积超过 10 平方米。

二、区域典型代表性矿区土地利用变化

通过神东矿区土地利用变化监测历史数据，得出以下结论：2009～2017 年，神东矿区林地、城镇村及工矿用地分别增加 216.05 平方千米和 37.05 平方千米，耕地、草地和沙地用地分别减少 8.97 平方千米、183.50 平方千米和 72.06 平方千米，耕地、草地和沙地的减少一方面体现了退耕还林政策的实施，另一方面体现了矿区开发对耕地的占用（表 11-3）。

表 11-3　2009 年、2017 年神东矿区土地利用对比表（单位：千米 ^{2}）

土地利用类型	2009 年面积	2017 年面积	2009～2017 年面积变化
耕地	35.56	26.59	−8.97
林地	52.11	268.16	216.05
草地	659.17	475.67	−183.50
城镇村及工矿用地	62.00	99.05	37.05
交通用地	0.05	0.69	0.64
河流	24.08	27.01	2.93
坑塘	1.75	2.48	0.73
沙地	74.35	2.29	−72.06
裸地	0.05	7.18	7.13
总计	909.12	909.12	0

三、区域典型代表性矿区植被覆盖动态变化

神东矿区 2009 年、2017 年植被覆盖率测算结果如表 11-4 所示。

表 11-4　2009 年和 2017 年神东矿区植被覆盖率对比表

项目	2009 年	2017 年	2009 年与 2017 年差值
植被覆盖率	78.24%	81.82%	3.58 个百分点

2009～2017 年，神东矿区植被覆盖率大幅提升，提高了 3.58 个百分点，目前神东矿区植被覆盖率持续在 80%以上。

神东矿区 2009 年、2017 年植被覆盖度测算结果如表 11-5 所示。

表 11-5 2009 年和 2017 年神东矿区植被覆盖度面积变化

年份	面积/千米^2					植被覆盖度均值
	极低覆盖度区	低覆盖度区	中覆盖度区	中高覆盖度区	高覆盖度区	
2009	100.13	21.11	311.49	249.66	226.73	46.11%
2017	82.57	12.01	130.66	377.89	305.99	69.37%

神东矿区 2009～2017 年 9 年间平均植被覆盖度由 46.11%上升到 69.37%，如表 11-5 所示，矿区整体植被覆盖度从中覆盖度水平提升到中高覆盖水平，有了较为显著的变化，表明神东矿区近年的土地复垦效果显著。

综上所述，实践证明煤炭资源的开采所带来的经济效益反馈到生态修复与环境治理上，使得矿区周边生态环境得到了极大的改善，沙漠面积减少，绿地增多，风沙得到有效治理，水土流失得到缓解，并且实现了对矿区周边区域的辐射治理效果，对区域生态环境的整体转好起到了关键的推动作用，进一步推动了能源革命。将能源开采与区域绿色发展统一，通过能源产业的健康发展推动区域的可持续发展是能源革命推动能源富集地区绿色发展的关键与核心。

第十二章　能源“金三角”地区绿色发展面临的主要问题

第一节　产业单一发展动力后续不足

能源“金三角”地区生产总值总量及增速、人均地区生产总值及增速评价见第八章第二节。地区生产总值与全国 GDP 差异如图 12-1 所示。

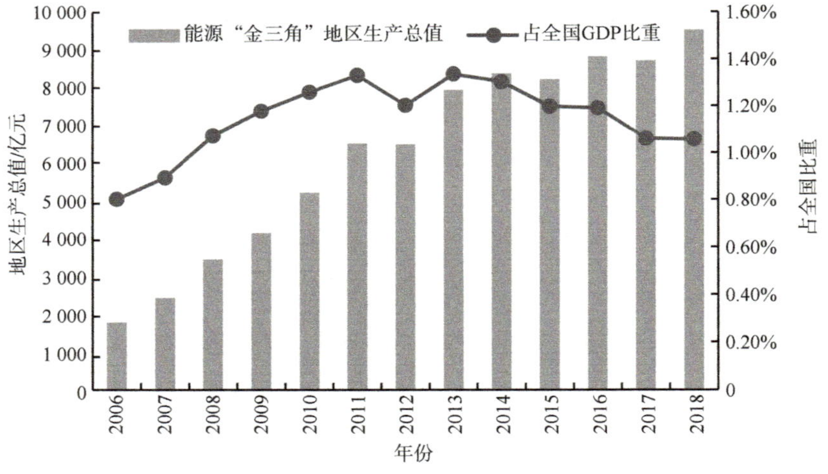

图 12-1　能源“金三角”地区生产总值及占全国 GDP 比重

从能源“金三角” 地区生产总值总量及占全国 GDP 比重变化可看出，能源“金三角”地区经济总量实现了跨越式的发展。2018 年能源“金三角”地区生产总值总量为 9513.30 亿元，是 2006 年的 5.4 倍，年均增速远远超过全国 10%左右的平均水平；随着经济快速发展，能源“金三角”地区居民收入快速增加，百姓生活得到了大幅度改善，人均地区生产总值由 2006 年的 2.66 万元增加到 2018 年的 12.68 万元，增长超过 3 倍；从能源“金三角”地区生产总值总量占全国 GDP 比重变化可看出，2006～2011 年生产总值总量占比呈指数增长，2012 年有所下滑，之后 2014～2018 年处于缓慢下降状态，但总体占比仍在 1.0%～1.2%。能源"金三角"地区虽然生产总值总量一直处于上升状态，但占全国 GDP 比重却一直不高，持续处于 1.00%左右的状态，这说明资源开发虽然助长能源"金三角"地区生产总值的增长速度，但能源"金三角"地区的经济发展速度仍然赶不上国家的经济发展速度。

综上所述，区域以能源产业带动第二产业的增长的不协调的经济增长形式并不适合该区域长期可持续发展，要想绿色可持续发展，该地区必须通过能源革命，优化产业结构，形成新的经济增长点。

第二节 同质化竞争发展显现

一、区域同质整体化发展显现

本节选取能源"金三角"三地区与我国其他能源富集区域 2000～2016 年经济发展指标时间序列数据，采用变异系数与空间自相关性来分析研究区域与我国其他能源富集区域经济发展的差异性特点，能源"金三角"三地区、山东、山西及新疆地区经济发展的差异性研究数据标准差和变异系数结果及莫兰指数如表 12-1 及图 12-2、图 12-3 所示。

表 12-1 中国能源富集地区人均生产总值及其标准差和变异系数

年份	人均生产总值/元						标准差	整体变异系数	能源"金三角"地区内部变异系数
	鄂尔多斯	榆林	宁东	山东	山西	新疆			
2000	11 505	3 264	10 404	9 326	5 722	7 372	3 092.2	0.39	0.53
2001	13 014	3 942	11 244	10 195	6 226	7 945	3 365.2	0.38	0.51
2002	15 324	4 953	12 716	11 340	7 082	8 457	3 344.0	0.39	0.49
2003	20 596	6 176	15 159	13 268	8 642	9 828	5 194.7	0.42	0.52
2004	23 500	8 310	18 526	16 413	10 742	11 337	5 705.3	0.39	0.46
2005	40 169	13 602	20 727	20 096	12 495	13 108	10 507.9	0.52	0.55
2006	53 166	17 943	24 532	23 603	14 739	14 871	14 511.8	0.58	0.59
2007	75 021	24 007	30 513	27 604	18 104	16 999	21 699.5	0.68	0.64
2008	102 128	35 177	34 473	32 936	21 834	19 797	30 643.3	0.75	0.68
2009	134 361	38 950	38 392	35 894	21 516	19 942	43 052.2	0.39	0.78
2010	138 109	52 448	42 771	41 106	26 249	25 034	42 573.9	0.78	0.67
2011	163 012	68 358	48 964	47 190	31 292	30 087	50 093.8	0.77	0.65
2012	182 689	79 587	56 528	51 768	33 666	33 796	55 358.3	0.77	0.63

续表

年份	人均生产总值/元						标准差	整体变异系数	能源“金三角”地区内部变异系数
	鄂尔多斯	榆林	宁东	山东	山西	新疆			
2013	96 723	82 633	62 437	56 885	34 984	37 553	60 480.2	0.77	0.64
2014	200 152	86 482	65 942	60 879	35 070	40 648	60 983.6	0.75	0.62
2015	207 163	73 453	69 594	64 168	34 919	40 036	63 540.7	0.78	0.67
2016	215 488	81 764	74 288	68 733	35 532	40 564	66 078.5	0.77	0.64

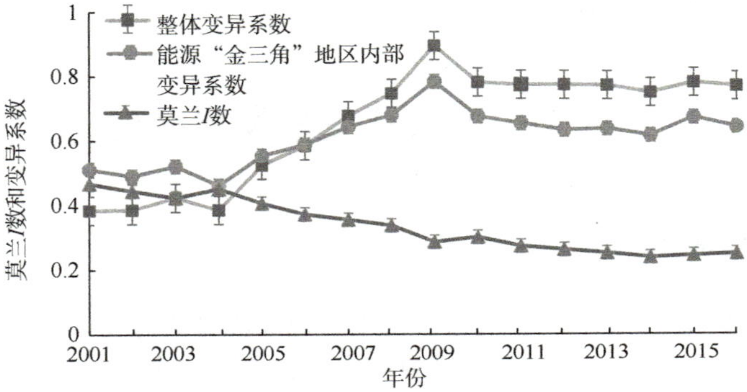

图 12-2　能源“金三角”地区内部变异系数、全国能源富集区经济发展变异系数及全局莫兰 *I* 数值变化趋势

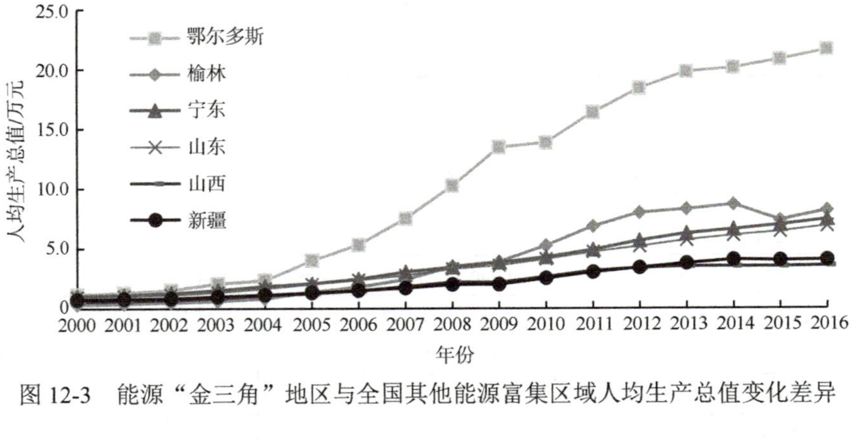

图 12-3　能源“金三角”地区与全国其他能源富集区域人均生产总值变化差异

（1）2000～2004 年，能源“金三角”地区与山东、山西、新疆发展态势一致，但从 2004 年以后，能源“金三角”地区人均生产总值始终高于山东、山西和新疆地区，其中鄂尔多斯地区明显高于其他区域。

（2）从整体变异系数及全局莫兰指数来看，鄂尔多斯高于全国其他能源富集区域，宁东与榆林地区经济发展差异性与全国其他能源富集区域差异性相对不大，目前趋势处于趋同状态。这意味着能源“金三角”地区应及时调整区域发展定位，以此来增强区域经济发展动力及可持续性。

二、区域内能源化工行业同质化发展显现

经项目组走访调查发现，目前区域内较大能源化工企业的整体规划中均有“发展精细化工”“做大煤制烯烃”等同质化发展方向，鄂尔多斯、榆林、宁东（银川）三个区域“十三五”发展总规划均将发展精细化工、煤制烯烃等方向作为重点； 2017 年国内乙烯行业处于高景气中，丙烯则受益产能增速有所放缓，开工率保持稳定。根据石油和化学工业规划院与中国石油化工集团公司经济技术研究院的统计，2017 年乙烯新增产能 107 万吨，表观消费量增长 8.0%，即 330 万吨，装置开工率在 94%，扣除检修开工率将近 100%；丙烯新增产能 235 万吨，表观消费量增长 6.5%，即 220 万吨，装置开工率在 80%，但从 2018 年开始，煤制烯烃下游聚乙烯市场面临来自海外的压力。2017 年第四季度，北美聚乙烯装置总计投产 352 万吨的聚乙烯产能，印度还有 146 万吨聚乙烯产能集中释放；2018 年，美国新增 129 万吨左右的聚乙烯产能投放市场。低成本的北美产能，以及超过其国内需要的印度产能投产后都将瞄准价格高的中国市场，届时国内乙烯、聚乙烯竞争压力将增大；再如从区域内精细煤化工产业发展角度分析三地区，可以发现三地区均大同小异地将重心投放在延长煤化工产业链和发展生产精细煤化工产品，这就必将导致能源“金三角”地区内部煤化工产业同质化竞争，形成“投产即过剩”的局面。

综上所述，区域能源化工产业的发展是区域能源革命战略发展的必然，发展能源化工产业既是解决煤炭从高碳排放燃料变为高附加值原料并实现区域产业延长发展的方式，又是符合我国能源禀赋国情、解决能源化工安全的主要途径，但结合国内外、区域内外发展前景，合理规划区域发展战略定位和目标，是能源化工发展的关键，也是能源革命成功的核心。

三、区域内行政壁垒突出

区域内于 2010 年 12 月由国家能源局牵头制定《蒙陕甘宁能源“金三角”综合开发指导意见》，之后三个地区分别制定各自区域内发展战略并获得国家相关部门批复，如《宁东能源化工基地规划与建设纲要》及规划环评，2017 年国家发展和改革委员会、工业和信息化部发布《现代煤化工产业创新发展布局方案》，2016 年国土资源部、国家发展和改革委员会等六部委发布的《全国矿产资源规划（2016—2020 年）》等国家能源发展指导文件中均对能源“金三角”地区做了重点规划，但缺乏针对能源“金三角”地区特殊的整体化规划部署，尤其缺乏针对区域协同发展协调机制的构建，造成能源“金三角”地区一个能源区域涉及三个

省级行政机构又三个地市级行政机构，区域内各行政机构缺少协同机制，各自发展，以至于形成人为行政壁垒，如在调研过程中宁东能源化工基地国家整体批复规划建设煤制烯烃产能余额为120万吨，但从技术与经济指标衡量，区域内建设180万吨煤制烯烃项目最为合理，如能源“金三角”地区为整体规划建设，项目有望落地实施，如单从宁东角度建设，将形成“尴尬产能”；再如，区域内水资源绝对值有限，宁东与榆林经过建设开发，水资源相对丰富，但鄂尔多斯地区仍受限于水资源，跨省调用水资源所面临的主要障碍仍然是行政因素，以至于相邻区域一边将矿井水作为“污水”排放，一边亟待水资源发展。

综上所述，区域行政壁垒所带来的发展问题，已经制约了区域的合理发展，解决区域行政壁垒，使得区域能源化工领域各产业协调发展、区域生态环境协调治理、区域能源革命协调进行是能源革命首要解决的政策问题。

第三节　区域内碳减排约束压力增大

我国目前不仅面临着严峻的能源安全问题，还存在严重的能源环境问题，当下我国环境污染严重，一些城市和区域存在着高强度、大范围的雾霾天气；此外，我国还面临着碳排放过度的问题，二氧化碳排放量大，2016年我国二氧化碳排放量全球占比28.4%，居世界首位。依照《巴黎协定》，到2030年我国单位GDP的二氧化碳排放要比2005年下降60%～65%，为此，我国面临着巨大的碳减排任务。同时，习近平总书记在党的十九大报告中也进一步指出，要“推进能源生产与消费革命，构建清洁低碳、安全高效的能源体系”①。

由能源“金三角”地区2005～2017年碳排放量（图12-4）可得以下结论。

（1）区域碳排放增速惊人：能源“金三角”地区2005～2017年碳排放量呈指数增长趋势，从2005年的0.677亿吨增长到2017年的10.2亿吨，2017年能源“金三角”地区生产总值仅占全国1.06%（能源“金三角”地区2017年地区生产总值为8701.36亿元，我国2017年GDP为820 754.28亿元），而2017年该区域碳排放量却占全国碳排放总量的10%左右（能源“金三角”2017年碳排放量10.2亿吨，全国该年碳排放量约为100亿吨）。

（2）碳减排将成为制约区域能源产业甚至整个区域经济发展的主要因素之一，我国承诺到2020年单位GDP的二氧化碳排放量比2005年下降40%～45%，到

① 《习近平：决胜全面建成小康社会 夺取新时代中国特色社会主义伟大胜利——在中国共产党第十九次全国代表大会上的报告》，http://www.xinhuanet.com/2017-10/27/c_1121867529.htm，（2017-10-27）[2020-12-05]。

2030 年比 2005 年下降 60%～65%，同样的减排目标类比到能源"金三角"地区，说明了该地区亟须减排的必要性。

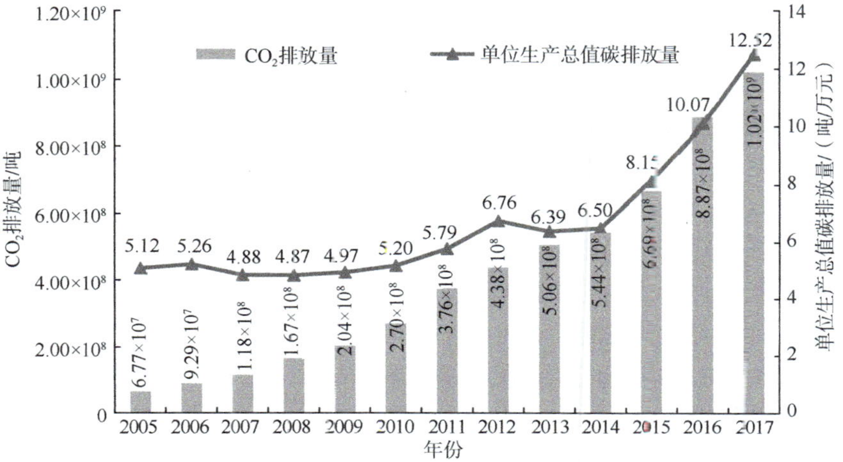

图 12-4 能源"金三角"地区 CO_2 排放量及单位生产总值碳排放量

（3）对比区域碳排放与区域人均生产总值变化（图 12-5），可知区域经济增长与区域碳排放量呈现出正相关的关系，但从变化趋势可以看出碳排放增加趋势明显高于区域经济增长趋势。

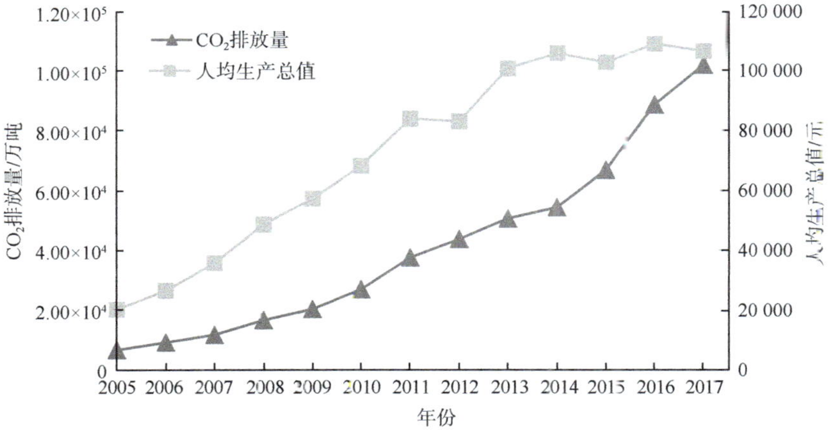

图 12-5 能源"金三角"地区 CO_2 排放量与人均生产总值

综上所述，按照我国到 2020 年单位 GDP 二氧化碳排放比 2005 年下降 40%～45%的总目标，区域碳排放 2017 年排放强度已经远远偏高该目标，区域碳约束将是下一个约束区域发展的关键因素，也是能源革命如何实现该区域绿色发展的关键核心问题。

第四节 区域生态环境压力依然很大

对区域内人均生态足迹和地区人均生态承载力做相应评价，得出区域能源产业对生态系统的负面压力大小，评价结果如下：鄂尔多斯地区 2011～2016 年平均人均生态足迹约为 4 公顷，最大变化幅度为 15.8%（2014 年），总体来说，该区域居民所需要的生态资源水平比较稳定，但是自 2014 年以来有明显的上升趋势；宁东地区 2011～2016 年平均人均生态足迹为 1.16 公顷，该地区人均生态足迹总体趋势平稳，近几年有明显的下降趋势。

能源是经济社会发展的重要物质基础，是推动社会经济发展的动力和保障，但与此同时，能源产业发展所带来的生态环境问题已经成为世界性问题，面对全球日益严峻的生态环境和能源资源枯竭问题，节约能源、提高能源利用效率、促进能源消费结构转型，并大力开发利用新型可再生能源已成为世界各国保障能源安全、实现绿色发展的共同选择。目前，我国正处在能源转型发展和结构调整的关键时期，推动能源生产和消费革命、优化调整能源消费结构、实现能源与生态环境协调发展将是我国能源发展未来很长一段时期内的主攻方向。

综上所述，能源“金三角”地区在大规模煤炭开采的基础上，保持生态环境总体平稳，但依然处于赤字状态，说明生态环境依然是阻碍区域绿色发展的关键问题。

第十三章　能源“金三角”地区能源发展战略建议

第一节　区域发展在国家能源革命中的定位

一、能源“金三角”地区未来能源发展战略定位

目前，能源“金三角”地区已成为全国最大的能源化工基地，是内蒙古、陕西和宁夏社会经济发展的重要贡献区域，随着国家对能源及能源化工产业支持力度的不断加大，以及区域自身资源禀赋及区位优势的进一步提升，能源“金三角”地区将迎来新的“黄金”发展期，区域要全面推进“世界一流高端能源化工基地”的建设目标，带动区域“西部具有影响力城市群”和“西部能源富集区域生态文明建设”两个目标的实现。

1. 世界一流高端能源化工基地

区域紧抓国家现代煤化工产业示范区战略布局的政策机遇，科学合理规划煤、油、气、新能源组合的资源禀赋格局，全面推广煤炭清洁利用与高效转化技术，合理规划区域资源与产业的协调发展、协调新能源高效发展与传统能源新发展，在国家大型煤炭基地、大型煤化工基地和大型火电基地的基础上成为国家清洁能源示范基地和世界一流的高端能源化工基地。

2. 带动西部发展的具有影响力城市群

依托区域能源优势，在着力建设世界一流高端能源化工基地的同时，吸引高端人才、资本、物流、信息等资源流向区域内银川、鄂尔多斯和榆林等城市群，加快产业升级转化，依靠科技创新延长能源化工产业链，实现区域能源化工产业集群化发展，构建区域能源化工技术研发中心，盘活区域人才、金融、研发、制

造等市场，形成对周边具有辐射和影响力的城市群。

3. 打造西部能源富集区域生态文明建设示范区

加大生态环境保护力度，增加生态环境恢复治理的投入，提高矿区、园区和企业生态环境保护建设成效，推进区域生态环境协调治理，打造能源产业与生态环境和谐发展的示范区与样板区，引领能源化工行业生态环境保护治理目标与标准，实现区域人与自然和谐共生，打造西部能源富集区域生态文明建设示范区。

二、能源“金三角”地区未来能源发展目标

（一）预测方法及情景设置

1. 能源生产

能源“金三角”地区能源生产的未来发展趋势通过情景分析法预测。结合该区域能源资源禀赋、现有能源生产能力及能源生产结构，围绕影响能源生产的主要因素设置了三种情景。

1）基准情景

保持现有能源生产趋势，仍以化石能源为主，2050 年化石能源占一次能源生产量的 91.52%。

2）低碳情景

在基准情景基础上大力发展非化石能源，煤炭和石油生产量所占比重逐年下降。

3）强化低碳情景

在低碳情景基础上强化技术进步，非化石能源生产量快速增长。

能源“金三角”地区作为我国重要的能源基地，2003～2017 年，能源生产总量占全国能源生产总量的比例呈上升趋势，如图 13-1 所示。在全国深入实施能源革命的重大战略背景下，该地区进一步发挥其资源优势，着力打造“世界一流高端能源化工基地”，带动区域“西部具有影响力城市群”和“西部能源富集区域生态文明建设”两个目标的实现。因此，能源生产总量将继续呈上升趋势。由此，设定 2020～2050 年的关键年份能源生产总量占全国生产总量比例如表 13-1 所示，2020～2035 年由 24%逐渐升高至 26%，2040 年之后，随全国能源消费达峰，能源生产占全国比例基本保持不变。

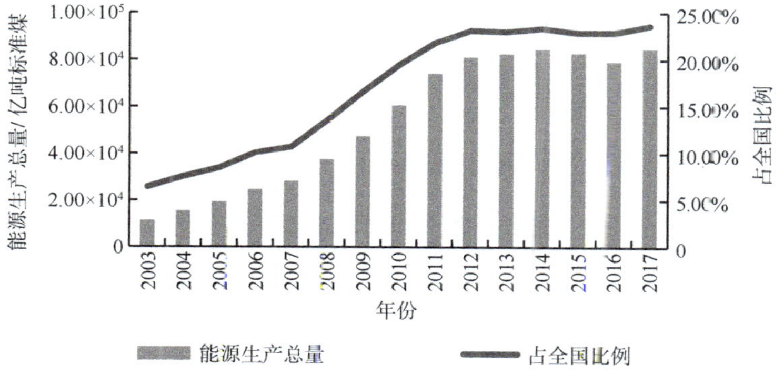

图 13-1　能源“金三角”地区能源生产总量及占全国比例

表 13-1　能源“金三角”地区能源生产总量占全国比例预测值

项目	2020 年	2030 年	2035 年	2040 年	2045 年	2050 年
能源生产总量占全国比例	24%	25%	26%	25%	26%	25%

全国能源生产总量和结构未来发展趋势参考《推动能源生产和消费革命战略研究（综合卷）》的研究成果，列于表 13-2。

表 13-2　我国能源生产总量和结构目标

项目	2020 年		2030 年		2050 年	
	产量/亿吨标准煤	比例	产量/亿吨标准煤	比例	产量/亿吨标准煤	比例
煤炭	27.4	66.0%	25.5	54.4%	17.3	32.8%
石油	3.1	7.5%	3.1	6.6%	3.1	5.9%
天然气	3.1	7.5%	4.7	10.0%	5.7	10.8%
核能	1.4	3.4%	4.6	9.8%	8.8	16.7%
非化石能源	6.5	15.7%	9.0	19.2%	17.9	33.9%
总量	41.5	100%	46.9	100%	52.8	100%

注：因四舍五入，存在比例数据合计值不等于 100%的情况

在能源“金三角”地区能源生产结构中，非化石能源大部分都是可再生能源，包括风能、太阳能等。2017 年，非化石能源占能源生产总量的比例为 0.53%，低于全国的非化石能源比重（17.4%）。在建设清洁低碳、安全高效的能源体系目标引导下，非化石能源生产总量占比将快速提高。

因此，基于非化石能源生产现状和能源资源禀赋，设定在基准、低碳和强化低碳情景下，非化石能源占比在 2050 年分别达到 8.48%、21.19%和 33.90%。

由第九章中石油产业和天然气产业现状可知，能源“金三角”地区石油与天然气的产量不会发生大的改变，设定以 2017 年产量为基准使 2020～2050 年产量

上下浮动不大，天然气和石油占比在 2020 年、2030 年、2050 年分别为 7.39%、6.54%和 5.81%。因此，在三种情景下，设定煤炭占比在 2050 年分别达到 85.71%、73.00%和 60.29%。

三种情景下关键参数设置见表 13-3。

表 13-3　能源“金三角”地区能源生产预测情景参数

参数	2020 年			2030 年			2050 年		
	基准情景	低碳情景	强化低碳情景	基准情景	低碳情景	强化低碳情景	基准情景	低碳情景	强化低碳情景
化石能源占比	96.23%	91.26%	86.3%	95.01%	89.71%	81.41%	91.52%	78.81%	66.10%
煤炭占比	88.84%	83.87%	78.91%	88.47%	83.17%	74.87%	85.71%	73.00%	60.29%
天然气和石油占比	7.39%			6.54%			5.81%		
非化石能源占比	3.77%	8.74%	13.70%	4.99%	10.29%	18.59%	8.48%	21.19%	33.90%

注：基准情景中数据采用全国能源生产目标及结构数据；强化低碳情景中数据来自宁夏等地方的“十三五”规划；低碳情景中数据为基准情景与强化低碳情景数据的平均值

通过对比化石能源和非化石能源在三种情景下的生产结果可知，基准情景下，化石能源的产量从 2020 年至 2050 年左右，呈增长趋势，未出现下降趋势。低碳情景和强化低碳情景下，2020 年至 2030 年呈上升趋势，从 2030 年左右开始呈下降趋势，如图 13-2 所示。

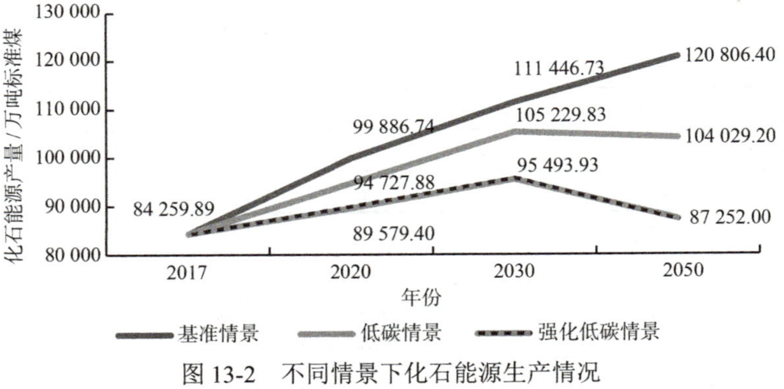

图 13-2　不同情景下化石能源生产情况

在三种情景下，非化石能源生产量都处于上升趋势。强化低碳情景下，非化石能源 2030 年和 2050 年生产量分别为 21 806.07 万吨标准煤和 44 748.00 万吨标准煤，占当年能源生产总量的 18.59%和 33.9%，如图 13-3 所示。

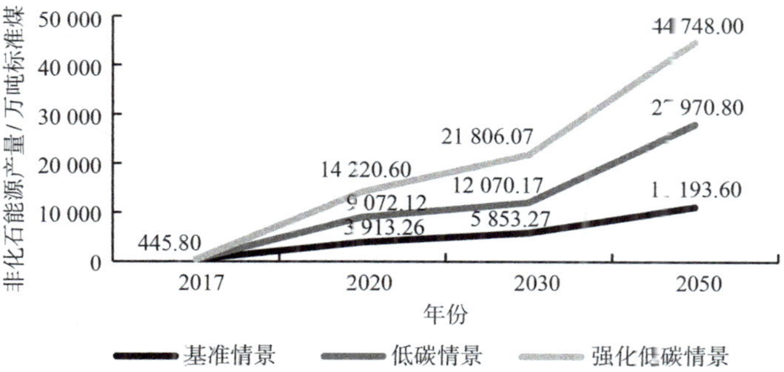

图 13-3　不同情景下非化石能源生产情况

2. 能源消费

对于能源消费情况的预测选择因素分析法中的 Kaya 公式和情景分析法对能源“金三角”地区能源消费需求进行预测。

1）因素分析法

Kaya 公式是一种简单平均分解法，最初用于碳排放因素解析方面，公式为

$$C=\frac{C}{E}\times\frac{E}{Y}\times\frac{Y}{P}\times P$$

其中，C 为碳排放量，E 为能源消费量，C/E 为单位能源消耗的碳排放量，E/Y 为单位地区生产总值能耗，Y/P 为人均地区生产总值，P 为人口规模。

因能源消耗与碳排放密切相关，可对 Kaya 公式进行变换，公式两边同时乘以 E/C 则可转变为

$$E=\frac{E}{Y}\times\frac{Y}{P}\times P$$

因此，未来能源消费趋势预测需要重点把握单位地区生产总值能耗下降和地区生产总值增长速度。

2）情景分析法

情景分析法就是在对经济、产业、技术等要素的巨大演变提出一系列关键假设的基础上，通过对未来严密的、详尽的推理和描述来预测各种可能的方案。应用情景分析法的优势在于有效摆脱了传统分析模式的束缚，可以反映未来可持续能源发展的道路选择，更有利于政策的分析与确定。

本节研究根据能源“金三角”地区能源资源禀赋、经济社会发展情况及用能结构，围绕影响能源消费需求的主要因素（地区生产总值、单位能耗强度、能源结构等），设置了以下三种情景。基准情景：假设未来按照现有“十三五”期间既定目标和发展速度往后顺延，不进行额外调整和开展强化行动。低碳情景：在基

准情景基础上，提升能源利用效率，降低化石能源在能源消费中的占比，至 2050 年，单位地区生产总值能耗降至 1.2534 吨标准煤/万元左右，可再生能源在能源消费结构中占比达到 20.75%左右。强化低碳情景：在低碳情景基础上，进一步提升能源利用效率，优化能源结构，到 2050 年，单位地区生产总值能耗降到 1.1133 吨标准煤/万元左右，可再生能源在能源消费结构中占比达到 20.75%左右。

3）参数设置

（1）地区生产总值增速。“十二五”期间，全国年均 GDP 增速为 7.5%，随着经济发展新常态的转变，“十三五”期间 GDP 增速规划控制在 6.5%左右。未来，我国经济继续进入新常态，实现由高速向中高速转变。在新常态中，“L”形增长是一个必然趋势。据专家预测，“十四五”期间，全国经济增速可能降至 5%左右。“十二五”期间，能源“金三角”地区年均生产总值增速为 6.65%。

根据宁夏等地方规划，该区域的年均地区生产总值增速为 7.5%。2016～2018 年，地区生产总值增速分别为 7.27%、-1.22%和 9.33%。从榆林、宁东、鄂尔多斯的工作报告中得出，2019 年的地区生产总值增速预测为 7.5%。若要实现 7.5%的目标，2020 年的地区生产总值增速要达到 14.62%，这与目前的经济形势不符合。结合国家发展目标及该区域经济的发展情况，对未来经济增速作以下假设，见表 13-4。

表 13-4 能源“金三角”地区经济增长假设

情景	2020 年	2021～2025 年	2026～2030 年	2031～2035 年	2036～2040 年	2041～2045 年	2046～2050 年
基准情景	7.5%	7.5%	7.5%	7.5%	7.5%	7.5%	7.5%
低碳情景	7.0%	6.8%	6.5%	6.3%	6.0%	5.8%	5.5%
强化低碳情景	6.5%	6.0%	5.5%	5.0%	4.5%	4.0%	3.5%

（2）能耗强度下降率。“十二五”期间，我国能耗强度累计下降 18.4%，超过既定目标（16%）。“十三五”期间，按照《能源发展“十三五”规划》中的既定目标，我国能耗强度相对于 2015 年下降 15%。依据《能源生产和消费革命战略（2016—2030）》中的目标设定，2021～2030 年，能源消费总量控制在 60 亿吨标准煤以内，非化石能源占能源消费总量比重达到 20%左右，新增能源需求主要依靠清洁能源满足。单位国内生产总值能耗达到目前世界平均水平。“十二五”期间，能源“金三角”地区单位地区生产总值能耗相对于 2010 年增长 2.27%，尤其 2015 年相对于 2014 年增长 8.9%。“十三五”期间，结合各地区的规划，该地区的能耗强度下降 6.21%。随着经济发展方式的转变，单位地区生产总值能耗将进一步下降，本节做如下假设，见表 13-5。

表 13-5 能耗强度下降率假设

年份	基准情景	低碳情景	强化低碳情景
2016～2020	6.21%	10.61%	15.00%
2021～2025	6.21%	8.61%	11.00%
2026～2030	6.21%	6.11%	6.00%
2031～2035	6.21%	5.61%	5.00%
2036～2040	6.21%	5.61%	5.00%
2041～2045	6.21%	6.11%	6.00%
2046～2050	6.21%	6.11%	6.00%

注：基准情景中能耗强度下降率来自宁夏等地方“十三五”规划；强化低碳情景中能耗强度下降率采用国家“十三五”规划既定目标；低碳情景中能耗强度下降率为基准情景与强化低碳情景的平均值

由第九章中石油产业和天然气产业现状可知石油与天然气在能源“金三角”地区的比重不会发生大的改变，因此只需对煤炭和非化石能源进行预测比较。

（3）煤炭比重。我国能源消费结构一直以煤为主，但是近年来我国一直实施控煤措施，使煤炭的总量和比重均得到了有效控制，其中煤炭消费总量在 2014 年左右实现达峰，煤炭消费占比在 2018 年已降至 59%。伴随着全球能源的发展趋势及我国应对气候变化和大气污染防治的压力，煤炭消费占比仍会持续下降。而且中国工程院“推动能源生产消费革命战略研究”一期研究成果提出：到 2030 年我国煤炭在能源消费结构中的比重可降至 50%以下。2017 年煤炭在能源“金三角”地区的能源消费结构中的比重达到 79.55%，且未出现明显下降趋势。未来，随着“一带一路”倡议的推进，能源“金三角”地区的经济发展方式也必将逐步转变，从而实现高质量发展。综合国家煤炭发展战略及未来经济社会发展需求，以及宁夏等地方的“十三五”规划，对煤炭在该地区能源消费结构中的占比做如下假设，见表 13-6。

表 13-6 煤炭比重假设

项目	2020 年	2025 年	2030 年	2035 年	2040 年	2045 年	2050 年
比重	78.36%	76.36%	74.50%	72.50%	70.50%	68.50%	68.50%

（4）非化石能源比重。提高非化石能源的消费比重是推进我国能源消费转型发展的必需途径。2016 年我国非化石能源消费比重为 13%，其中可再生能源为 11%。依据《能源生产和消费革命战略（2016—2030）》中的既定目标，2030 年我国非化石能源消费占比达到 20%。能源“金三角”地区具有丰富的非化石能源资源，且几乎全部为风能、太阳能等可再生能源资源，具有提高非化石能源消费比重的资源优势。综合该地区可再生能源资源禀赋、开发利用现状及未来技术发

展的经济性，对非化石能源比重做如下假设，见表 13-7。

表 13-7　非化石能源比重假设

项目	2020 年	2025 年	2030 年	2035 年	2040 年	2045 年	2050 年
比重	10.89%	12.89%	14.75%	16.75%	18.75%	20.75%	20.75%

4）结果分析

（1）能源消费总量预测。如图 13-4 所示，在三种不同情景下，能源“金三角”地区未来的能源消费总需求将持续增长，且到 2050 年未出现拐点。在基准情景下，能源消费总需求的年均增速达到 6.11%，2050 年总需求量为 129 088.42 万吨标准煤。在低碳情景下其年均增速为 4.44%，2050 年总需求量达到 75 130.01 万吨标准煤。在强化低碳情景下年均增速为 3.21%，2050 年总需求量为 50 348.85 万吨标准煤。

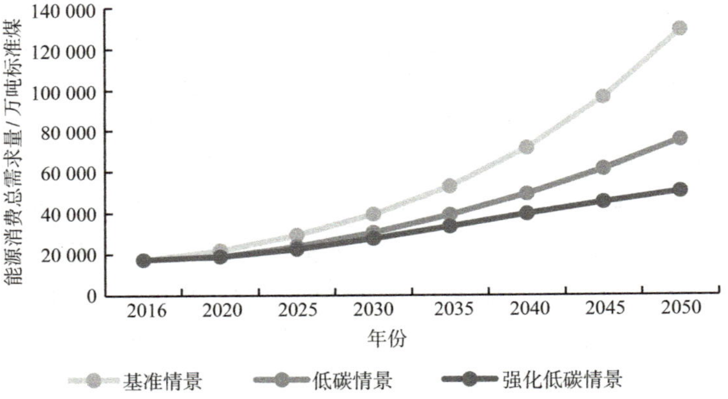

图 13-4　不同情景下未来能源总需求情况

（2）煤炭与可再生能源结构预测。如图 13-5 所示，在三种情景下，煤炭消费量皆呈上升趋势，在低碳情景与强化低碳情景下增长趋势变缓，到 2050 年分别达到 51 464.06 万吨标准煤和 34 488.96 万吨标准煤。同时，在三种情景下，可再生能源的消费量逐年增长，在低碳情景和强化低碳情景下，分别达到 15 589.48 万吨标准煤和 10 447.39 万吨标准煤。

（二）发展目标

按照推动绿色发展要求，综合考虑能源“金三角”地区的经济社会发展需求、能源供需和生态环境约束，基于现有可预期的政策及技术条件，基于情景分析法，预测并提出能源“金三角”地区能源生产和消费目标，具体见表 13-8 和表 13-9。

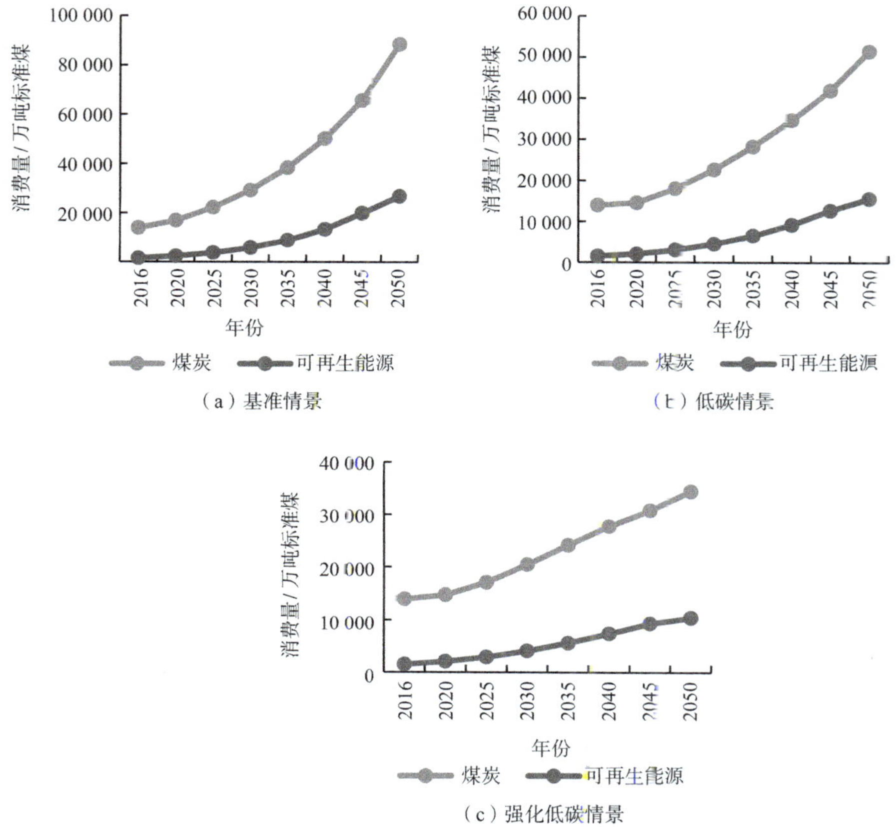

图 13-5　不同情景下煤炭与可再生能源结构预测

表 13-8　低碳情景下能源“金三角”地区未来能源生产目标

项目	2017 年		2020 年		2030 年		2050 年	
	产量/万吨标准煤	比例	产量/万吨标准煤	比例	产量/万吨标准煤	比例	产量/万吨标准煤	比例
总量	84 705.69	100%	103 800.00	100%	117 300.00	100%	132 000.00	100%
化石能源	84 259.89	9.5%	94 727.88	91.26%	105 229.83	89.71%	104 029.20	78.81%
非化石能源	445.80	0.5%	9 072.12	8.74%	12 070.17	10.29%	27 970.80	21.19%

表 13-9　低碳情景下能源“金三角”地区未来能源消费目标

项目	2016 年		2020 年		2030 年		2050 年	
	消费量/万吨标准煤	比例	消费量/万吨标准煤	比例	消费量/万吨标准煤	比例	消费量/万吨标准煤	比例
总量	17 179.53	100%	18 607.53	100%	30 395.69	100%	75 130.01	100%
化石能源	15 700.01	91.39%	16 581.17	89.11%	25 912.33	85.25%	59 540.53	79.25%

续表

项目	2016 年		2020 年		2030 年		2050 年	
	消费量/万吨标准煤	比例	消费量/万吨标准煤	比例	消费量/万吨标准煤	比例	消费量/万吨标准煤	比例
非化石能源	1 479.52	8.61%	2 026.36	10.89%	4 483.36	14.75%	15 589.48	20.75%
能源消费强度/（吨标准煤/万元）	1.950 0		1.755 0		1.505 9		1.182 8	

到 2030 年，能源“金三角”地区能源生产总量达到 11.73 亿吨标准煤，消费总量控制在 3.04 亿吨标准煤左右；能源消费结构持续优化，非化石能源消费比重达到 10%以上，单位地区生产总值能耗下降到 1.5059 吨标准煤/万元。

到 2050 年，能源“金三角”地区能源生产总量达到 13.20 亿吨标准煤，消费总量控制在 7.51 亿吨标准煤左右；能源消费结构显著优化，非化石能源消费比重达到 20%以上，单位地区生产总值能耗下降到 1.1828 吨标准煤/万元。

第二节　能源产业发展路径规划

一、坚持煤炭为能源产业主体地位

从表 13-10 可知，煤炭产业在未来相当一段时间内仍为区域能源生产和消费的主体，该属性由区域资源禀赋和经济社会发展状况共同决定，因此，能源“金三角”地区能源产业和经济社会发展的动力仍会是煤炭产业，坚持以煤炭产业为能源产业发展的中心，以保证区域社会经济健康发展，以煤化工为拓展主体，延长煤炭产业链与附加值，在此基础上，发展区域多元化能源格局，加快新型能源发展建设是区域能源行业发展的核心方向。

表 13-10　能源“金三角”地区能源生产与消费情况

项目	年份	煤炭产量/万吨标准煤	比重	石油和天然气产量/万吨标准煤	比重	非化石能源产量/万吨标准煤	比重
生产	2020	87 015.13	83.86%	7 670.82	7.39%	9 072.12	8.74%
	2030	97 516.83	83.17%	7 668.15	6.54%	12 070.17	10.29%
	2050	96 360.00	73.00%	7 669.20	5.81%	27 970.80	21.19%
消费	2020	14 580.86	78.36%	2 000.31	10.75%	2 026.36	10.89%
	2030	22 644.79	74.50%	3 267.54	10.75%	4 483.36	14.75%
	2050	51 464.06	68.50%	8 076.48	10.75%	15 589.48	20.75%

注：因四舍五入，存在比重合计值不等于 100%的情况

二、全面提升能源化工产业质量

推进能源“金三角”能源化工产业由“规模取胜”向“质量取胜”转变，坚持“创新、协调、绿色、开放、共享”的发展理念，以全面提升能源化工质量、实现供给体系向中高端转变为中心任务，扎实推进《中国制造 2025》，使质量提升成为区域内能源化工发展的新主题；提高区域内企业质量管理能力，引导区域内能源化工企业革新管理理念，健全企业管理体系，全方位加强企业管理与服务。

三、以构建煤化工行业标准体系为抓手，推动区域能源化工产业升级

在区域能源化工产业，尤其是煤化工产业已形成的规模基础上，制定煤基化工产品标准、技术标准、排放标准、生产技术规范和生产管理规范，形成煤化工行业标准体系，推动建立国际先进、国内引领的能源化工质量标准体系，从而推动区域能源化工企业质量升级。

四、推进区域能源化工企业向“五化”（高端化、融合化、智能化、绿色化、国际化）方向发展

（1）能源“金三角”地区经过二十余年的建设与发展，具备向能源化工产业高端化发展的条件，高端化是其能源化工领域发展的必由之路，也是其核心发展动力。

（2）为防止出现区域内能源化工产业同质化现象，应大力推动区域内产业高技术渗透融合、产业间的延伸融合和产业内部的重组融合，采取有效措施促进产业的融合发展，培育区域内能源化工产业新的增长点。

（3）智能化是区域能源化工产业供给侧结构性改革的着力点，是区域能源化工产业升级的重要途径，区域产业智能化应以企业为主体，以建设智能化园区为主要方向，整合产业内外的关键资源信息，建设一套基于物联网和大数据的智慧能源化工系统，实现安全、环保、节能、应急、产品供需的快速、准确、高效的智能响应系统。

（4）区内资源、能源、环境、碳减排制约区域内能源化工领域发展，实现资源循环利用、能源梯级利用、因地因时制宜，能源各尽其用，资源综合利用，实现水、气、渣近零排放，最终实现绿色生态园区建设是区域能源化工建设的发展方向。

（5）区域发展要与国家“一带一路”倡议结合，在引进来的基础上，开拓国际化视野，着眼全球能源化工市场，以开放的视野和能源“金三角”地区在“一带一路”中的区位优势，积极投入“一带一路”建设的前沿阵地。

五、鼓励企业开展二氧化碳减排技术研发与应用

鼓励企业开展区域能源化工领域碳减排技术研发，发展二氧化碳深度开发技术、二氧化碳减排技术，同时政府奖励企业对二氧化碳减排技术的研发，设立二氧化碳减排技术科技基金，对新的二氧化碳减排技术免税收等。

第三节　区域政策建议

一、建立能源“金三角”地区跨省级行政区的协同管理机构

坚持规模化、集约化和差异化，突破宁东、鄂尔多斯、榆林三地的行政区限，建立区域协调发展管理机构，搭建能源“金三角”地区区域对接平台，以方便宁夏银川宁东煤化工基地、鄂尔多斯煤化工基地、陕西榆林化工基地互相融合，相互促进发展。

统筹能源开发、水资源开发、能源转化利用、能源输运和生态环境保护，推进资源环境一体化、产业体系一体化、市场平台一体化、配套支撑一体化，加快能源基地建设，重点打造能源“金三角”综合改革试验区。

二、制订区域能源化工行业整体规划，争取行业协同发展政策

（一）区域能源产业整体规划、区域资源协同配置

区域应以确保国家能源安全战略发展为出发点，以“绿水青山就是金山银山”为发展理念，不断创新能源“金三角”地区能源化工行业整体发展目标、发展模式、发展体制、发展机制，通过区域内能源产业多元化发展和大型能源化工产业园区建设，带动相关能源服务产业发展和基础设施建设，促进区域整体产业发展向生态环境友好方向转型，实现能源“金三角”地区科学发展、和谐发展、绿色发展，为全国能源改革发展探索经验。

（二）促进能源化工领域行业差异化发展，争取国家政策支持

区域内能源化工企业应主动引领全国能源化工领域的发展与改革，群策群力并形成合力，不同园区在规模效益基础上形成差异化发展，避免形成同质化竞争，

主动争取行业与国家相关政策支持，如煤基油品燃油税减免、煤化工产品附加税减免等，主动争取国家科技重大专项的投入，争取国家政策倾斜。

三、统筹协调区域碳减排政策

设定区域碳减排目标与任务，与国家相关部门对接，制定针对能源“金三角”地区的区域碳减排政策，政策应考虑区域能源/能源化工产品外输贡献量、区域为国家能源安全贡献量等多方指标，统筹安排碳减排政策：将碳减排与区域能源产业升级发展统一，将碳减排与区域落后产能淘汰相统一，制定统一的碳减排政策与碳税应对办法。

能源“金三角”地区是我国能源安全保障区、西部大开发战略新高地、国家能源资源低碳利用技术示范区、生态文明先行区、内陆开放型经济示范区，在我国有关区域中地位显著，该地区社会经济与能源产业发展也极大地影响着我国经济发展与能源战略安全。因此，国家应该统筹该区域煤化工碳减排方面相关保护政策，保证区域煤化工行业正常运行。此外，煤化工产业相对传统以煤为燃料的煤电产业等是更加低碳的，碳排放量较少，建议争取国家政策的倾斜。

四、推进区域生态环境协同治理95

能源“金三角”大区域内应开展环境资源共享，共享区域和区域辐射区域环境资源，提高区域环境治理力度，扩展区域环境容量绝对值，给区域能源化工领域发展提供环境容量资源，同时将企业发展所带来的资金用于区域和辐射区域的生态环境治理。

区域内应科学配置水资源，大力推进循环用水、节约用水、科学用水，以水资源的节约保护促进产业升级，以水资源开发利用方式的转变推动经济发展方式的转型。

五、加快区域能源化工基地向能源产业生态工业园转变

深入探讨国外能源化工领域生态产业园建设的经验，如丹麦卡伦堡园区建设经验，通过政府引领、市场决定、税收调控、生态补偿、标准提升等手段，加快区域大型能源化工基地向高质量、生态型能源工业园转变。

区域内应以资源循环利用和系统集成示范带动园区发展，努力实现固废资源化回收利用，以生态环境建设和产业集成示范带动基地发展，破解工业固废处置问题的制约，努力实现工业固废的资源化，如区域可开展粉煤灰植被土壤改良剂、煤气化粗渣提质利用等技术的研发工作，促使工业固废与生态环境治理协调发展。